U0123952

中國歷史博物館 編

主編 史樹青

中國歷史博物館藏法書大觀

啓功題籤

上海教育出版社

中國歷史博物館藏法書大觀

第七卷　法帖一

第七卷　目錄

圖版

文字

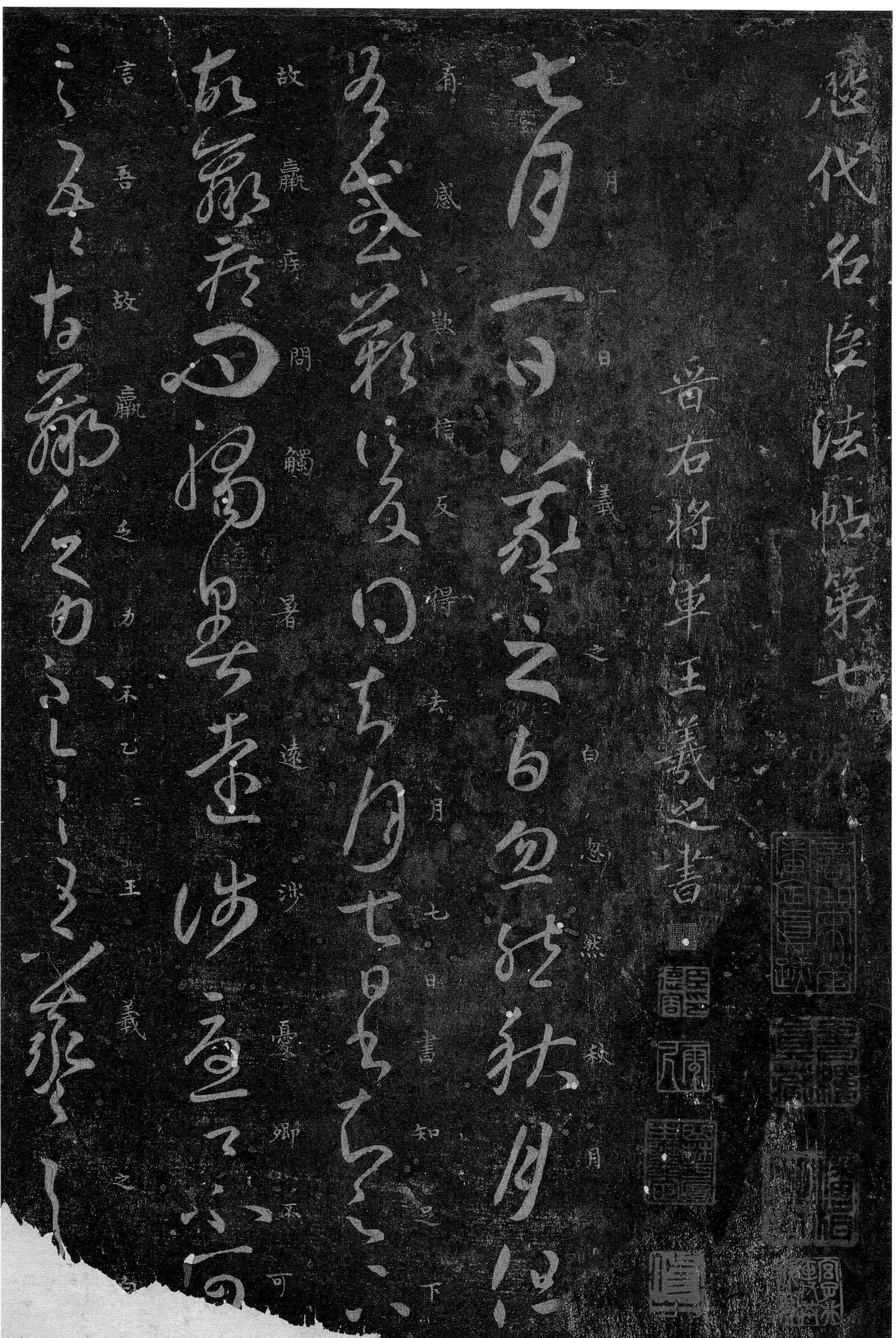
歷代名臣法帖第七
晉右將軍王羲之書
七月一日羲之白忽然秋月
但有感歎信反得去月七日書知足下
故羸疾問觸暑遠涉憂卿不可
言吾故羸乏力不一一王羲之白

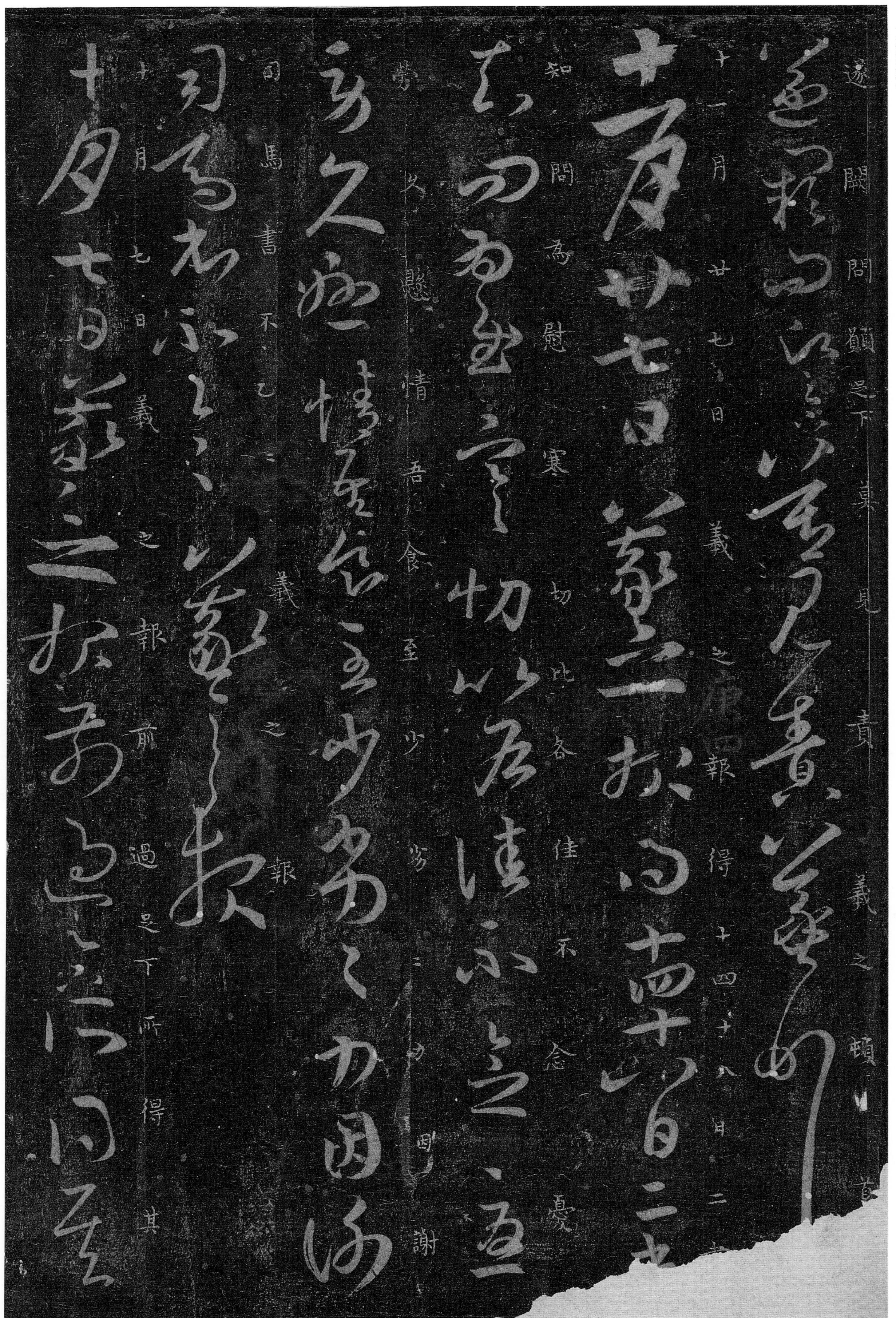

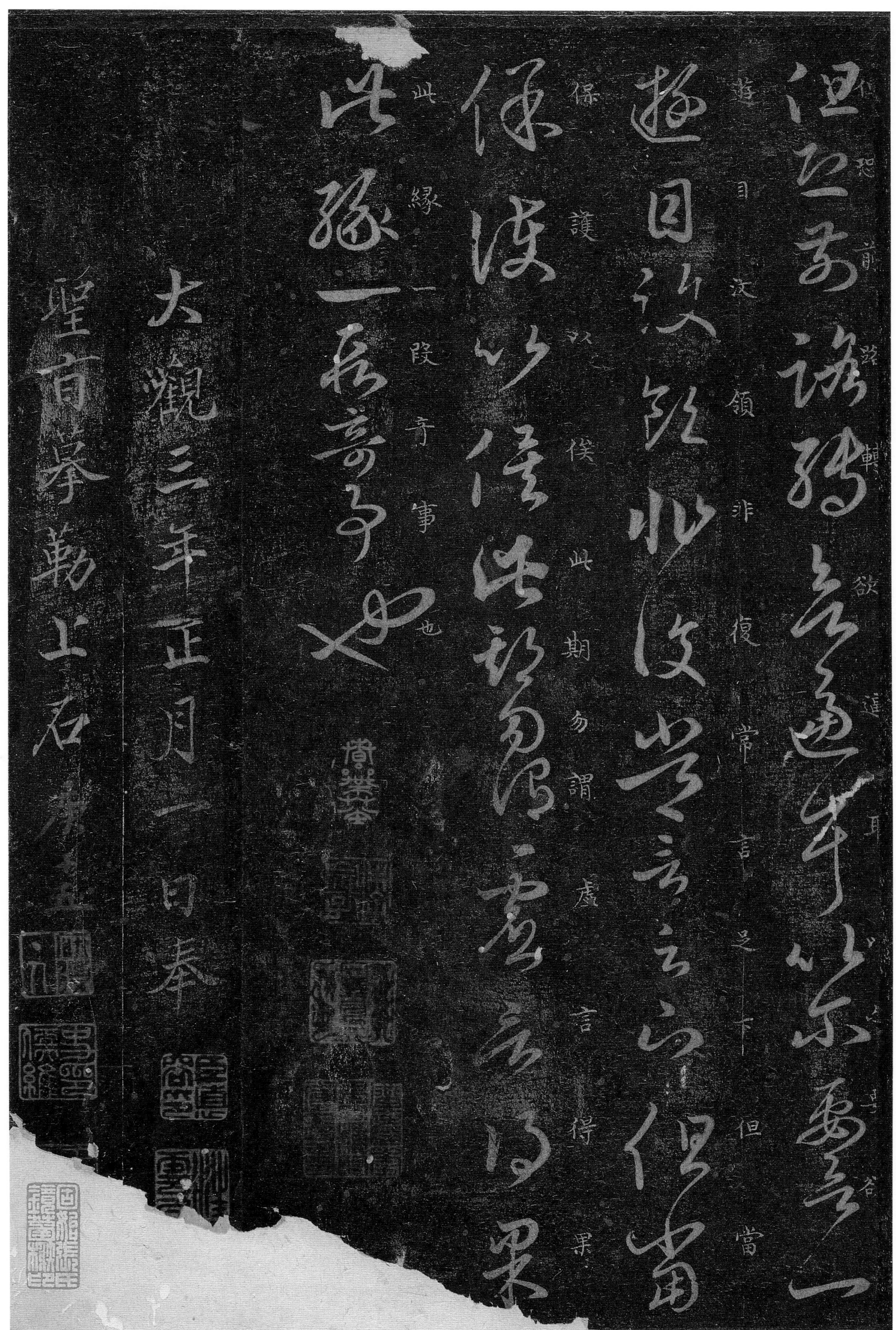
遊目汝領非復常言是下但當
保護以僕此期勿謂虛言得果
此緣一段育事也
大觀三年正月一日奉
聖旨摹勒上石

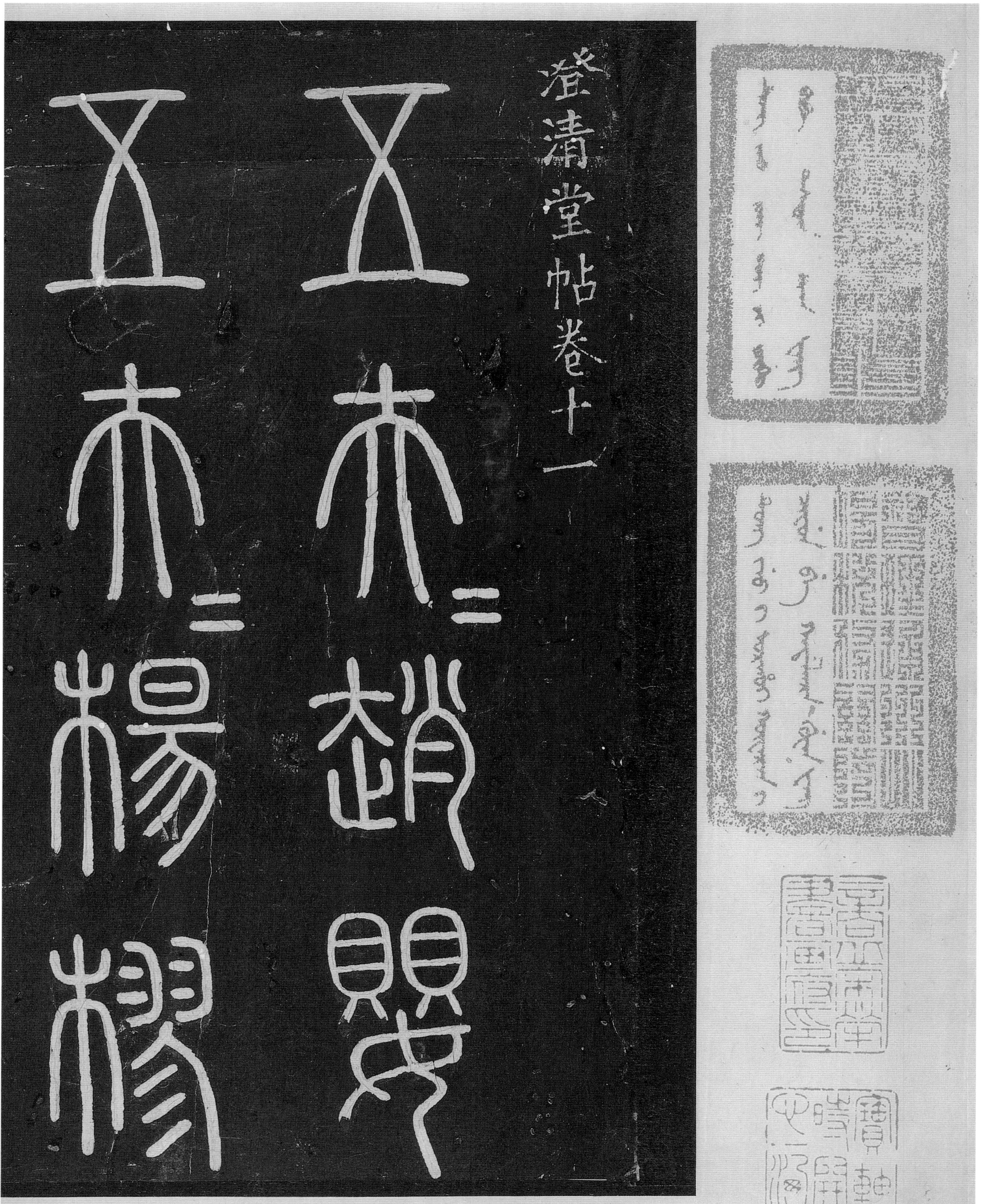

澄清堂帖卷十一

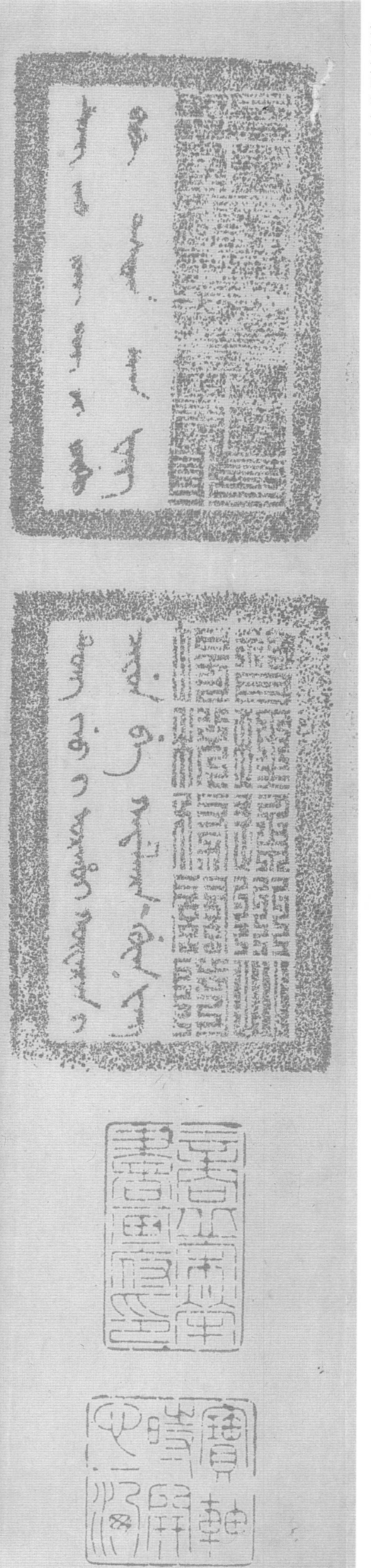

臣聞好兵猶好色也傷生之事非一而
好色者必死賊民之事非一而好兵者必
亡此理之必然者也夫惟聖人之兵必出於不
得已故其勝也則享安全之福其不勝也
必無意外之患後世用兵皆得已而不已
故其勝也則變遲而禍大其不勝也
則變速而禍小是以聖人不計勝負之
功而深戒用兵之禍何者興師十万日費

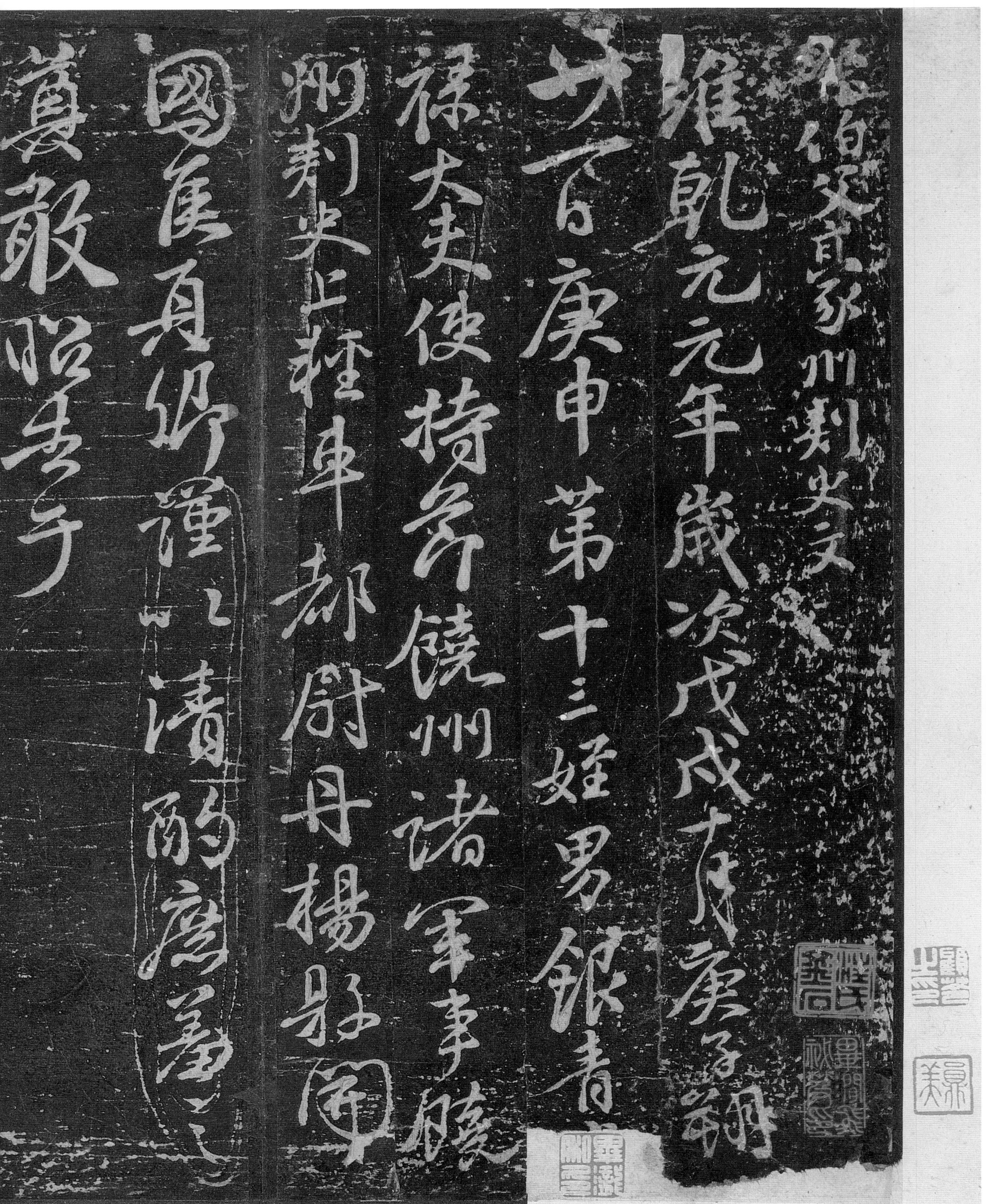

行□寒食以穀同間
得自住為僕所
泥甚難行將到
使公權敬白

夫天台國清僧冠口書寺顔太辰

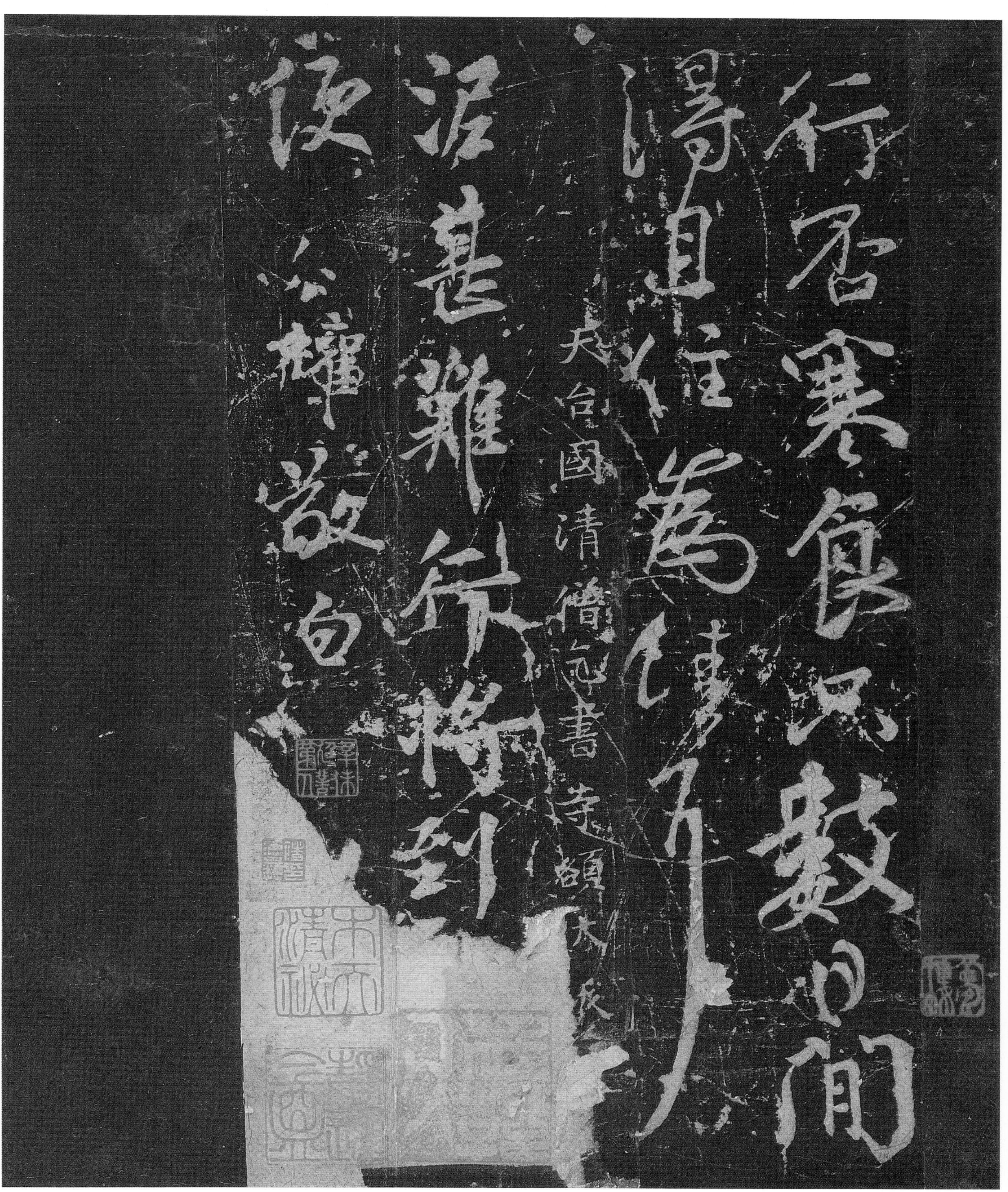

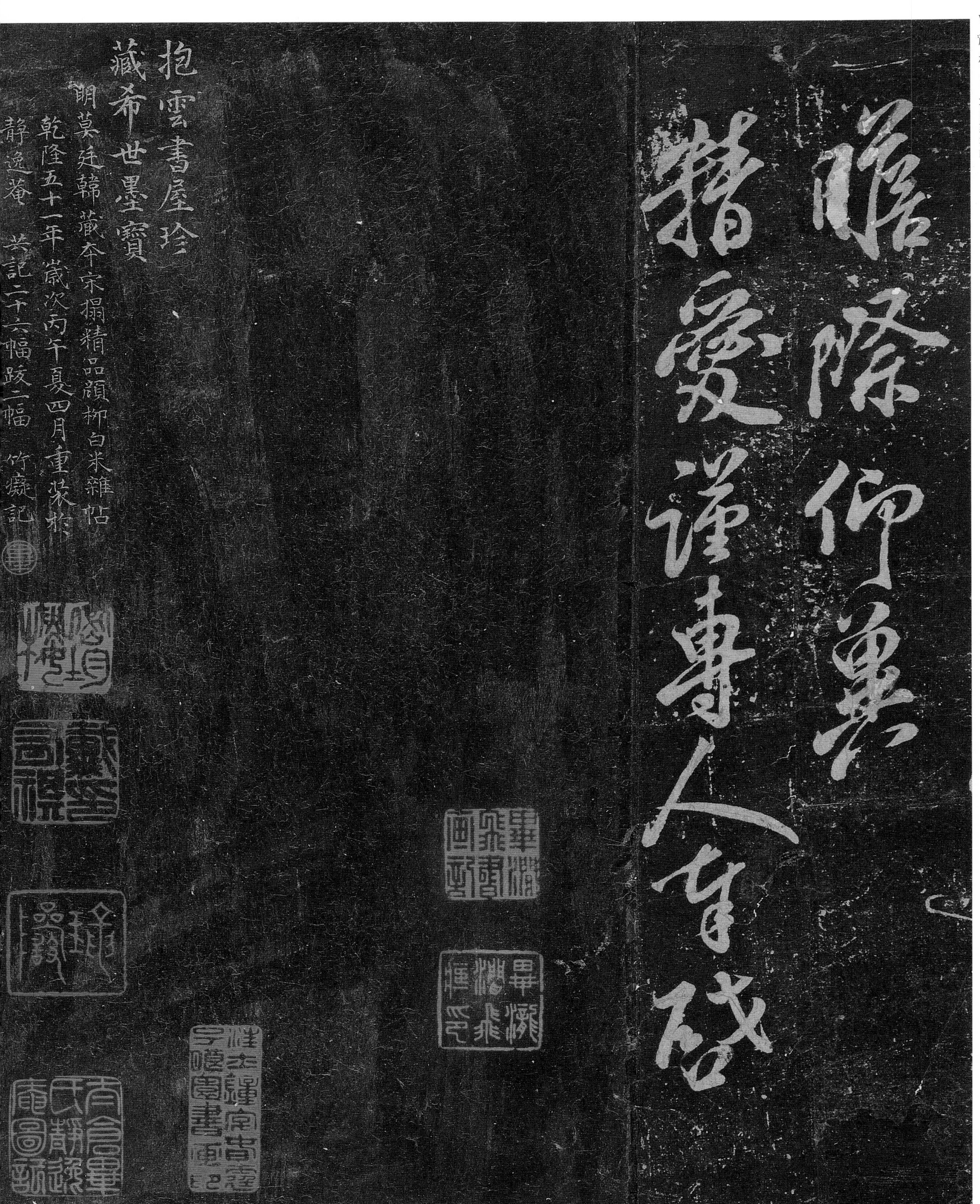
抱雲書屋珍
藏希世墨寶
明莫廷韓藏本宋搨精品顏柳白米雜帖
乾隆五十一年歲次丙午夏四月重裝於
靜逸菴 共記二十六幅跋二幅 竹癡記

圖版

宋拓大觀帖弟七

此真宋紙宋拓與翁覃溪所題之一本神采若相伯仲傲彬其善藏之覃溪題本今在楊蔭北家 沈盦

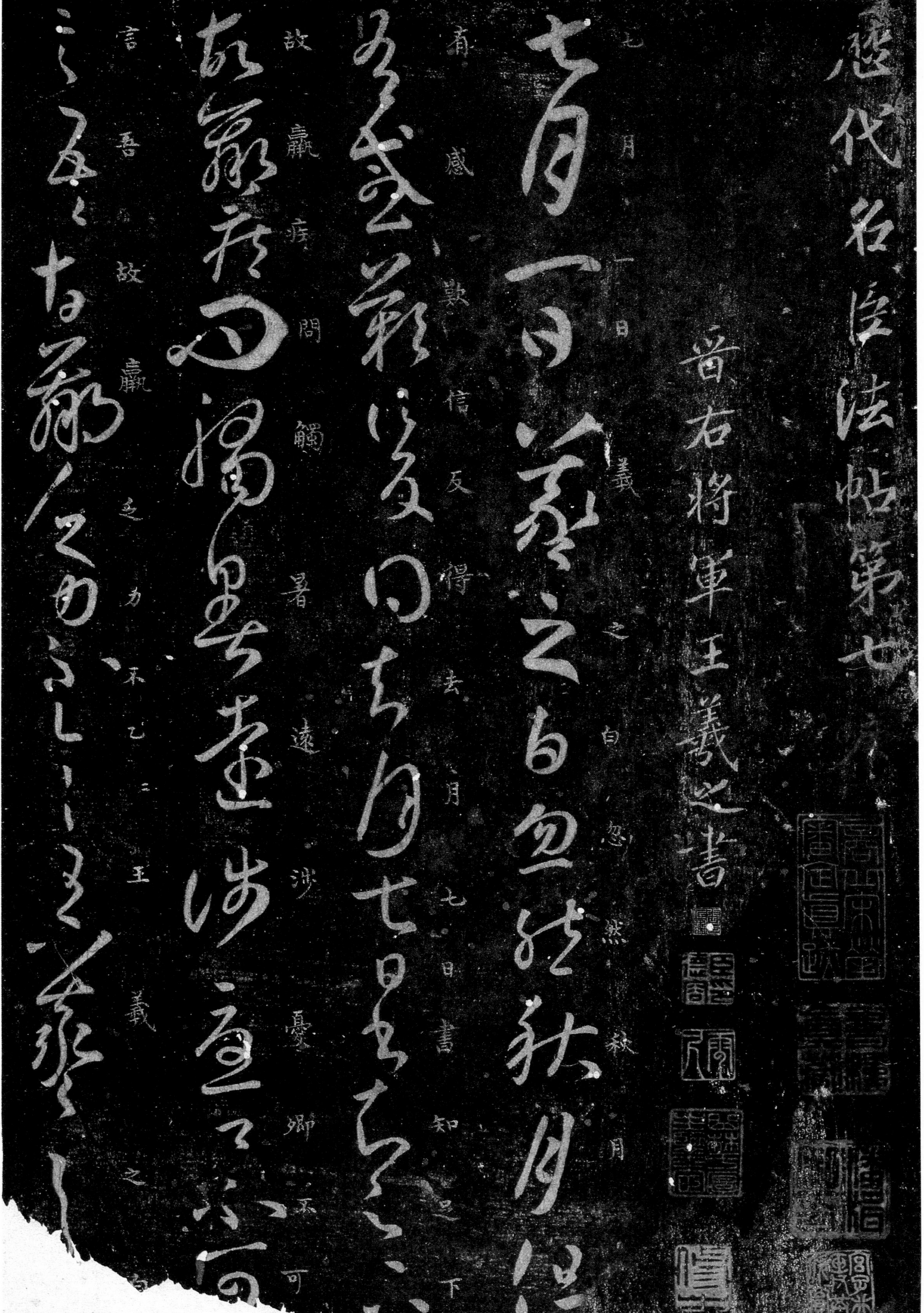
歷代名臣法帖第七
晉右將軍王羲之書

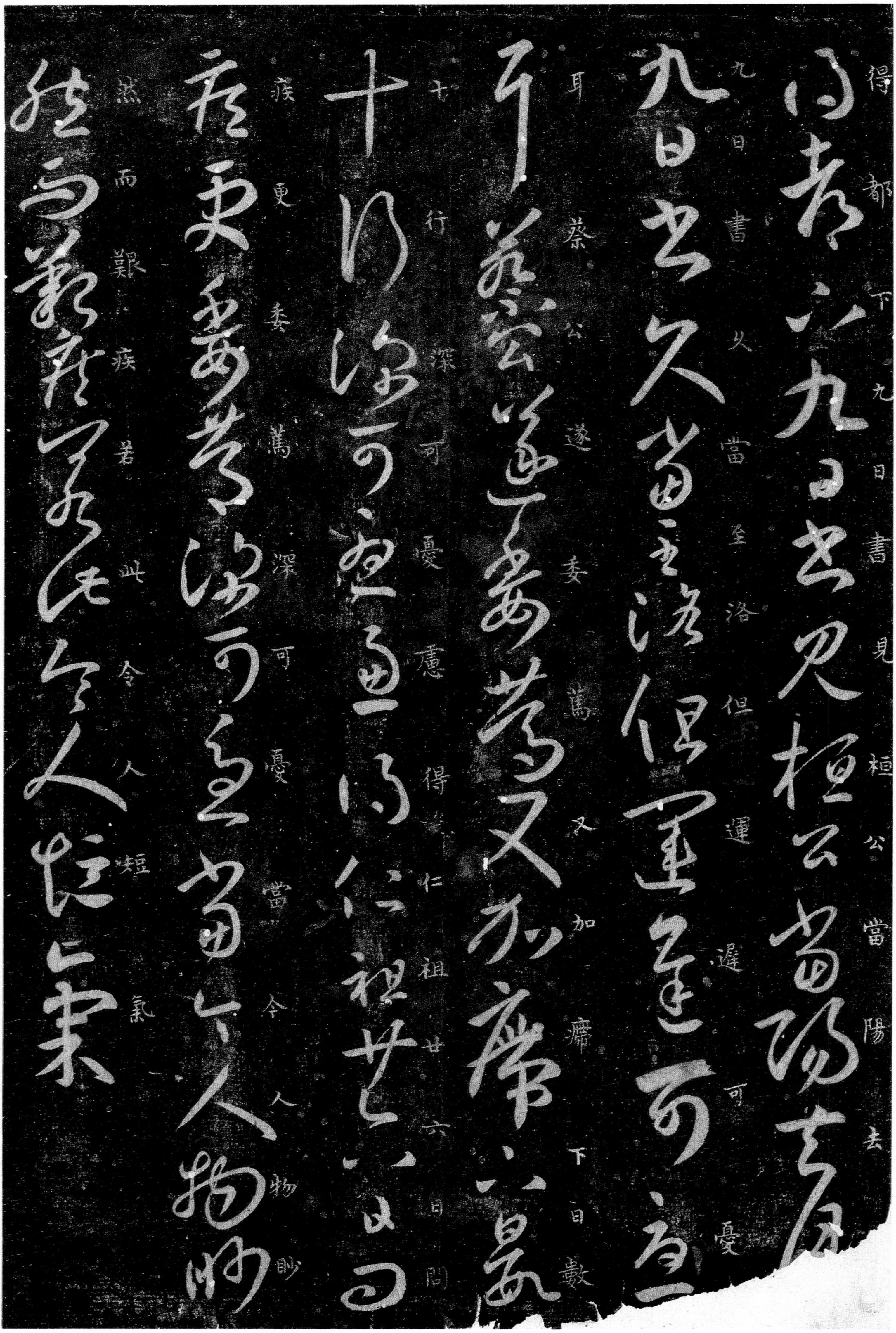

得都下九日書見桓公當陽去
九日書久當至洛但運遲可憂
耳蔡公遂委篤又加癥下日數
十行深可憂慮得仁祖廿六日問
疾更委篤深可憂當今人物眇
然而艱疾若此令人短氣

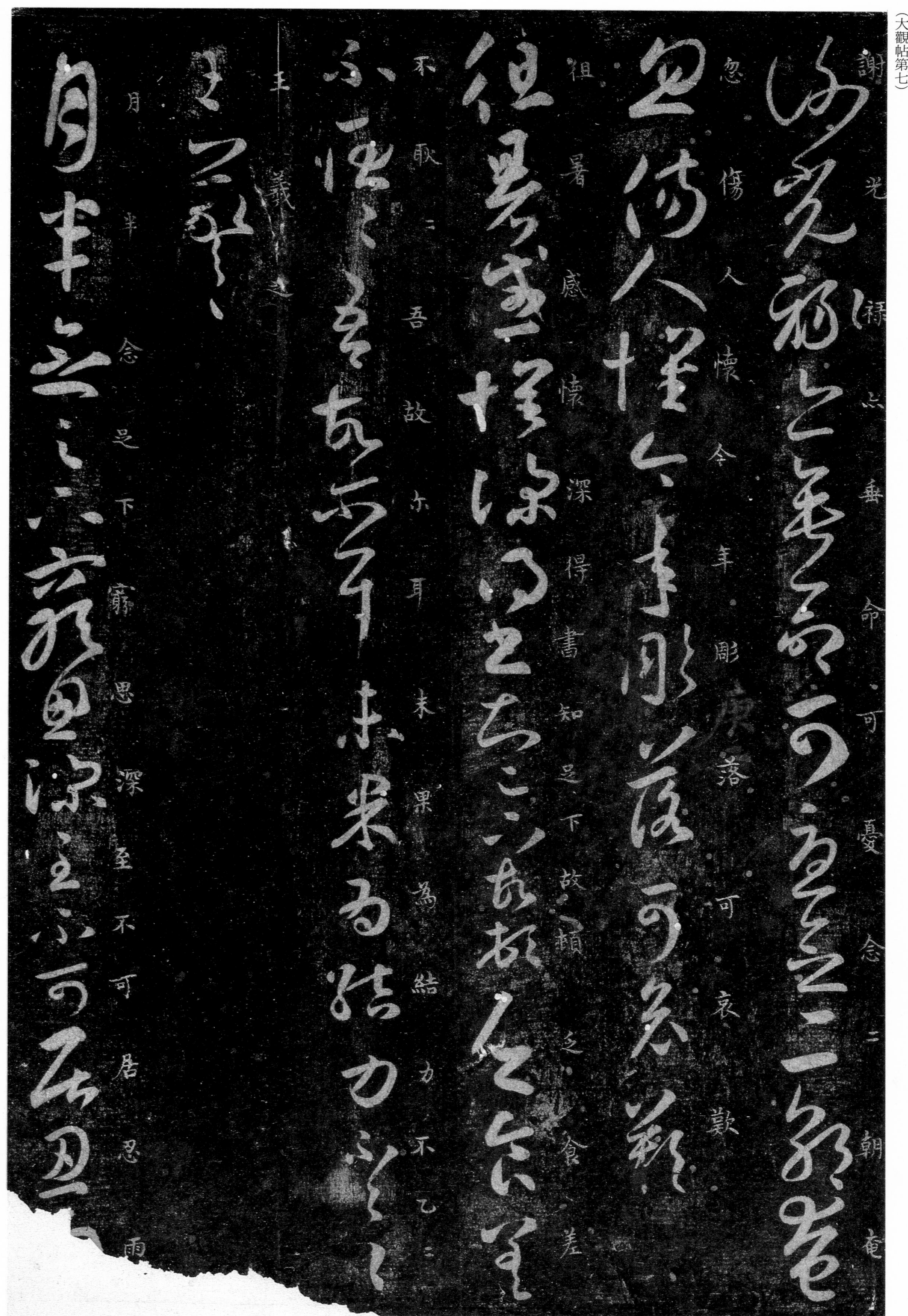
謝光祿昨垂命可憂念二朝奄
忽傷人懷今年彫落可哀歎
祖暑感懷深得書知足下故頓乏食差
不耿耿吾故爾耳未果為結力不一一
王羲之
月半念足下窮思深至不可居忍雨

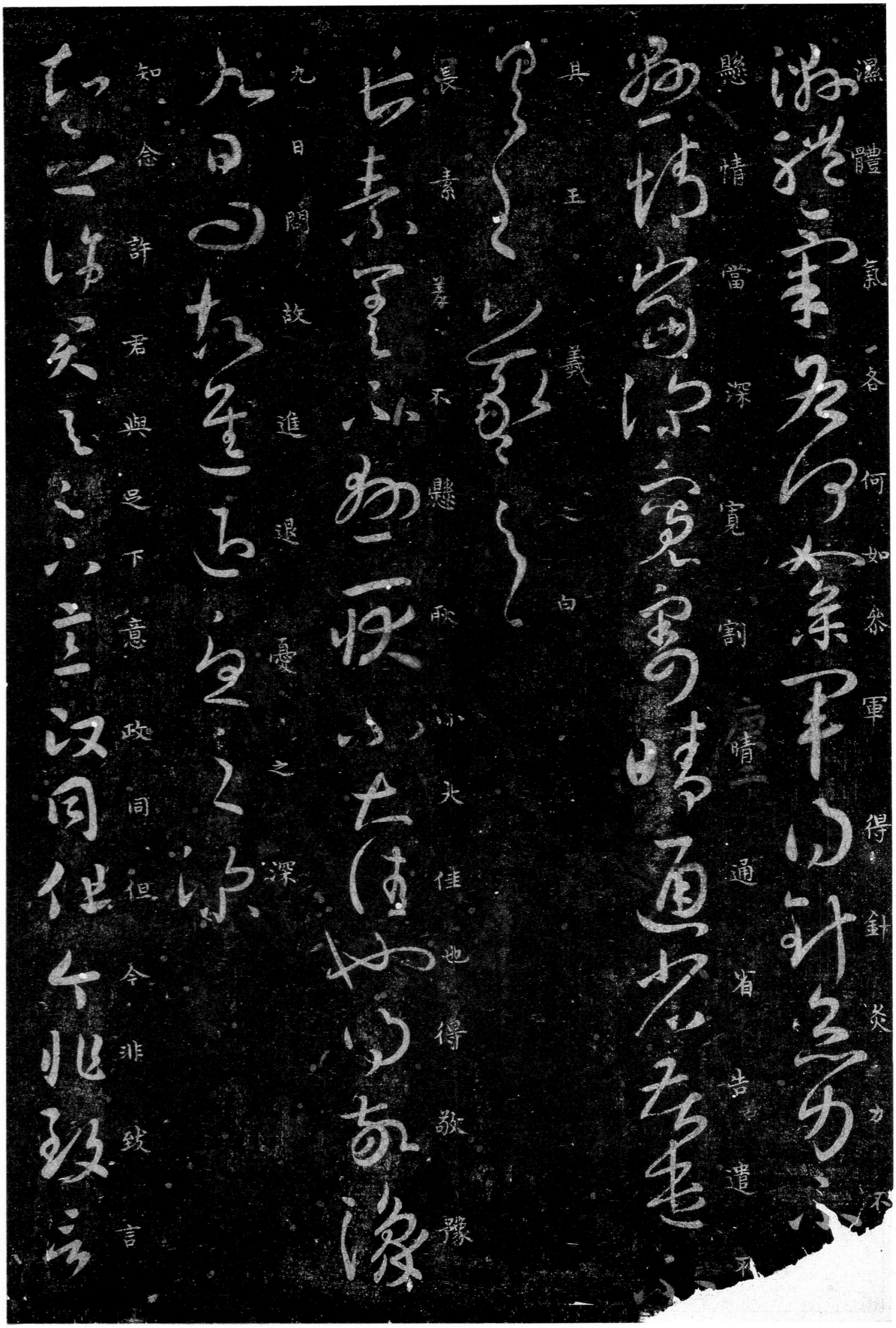

濕體氣各何如叅軍得針炙力不

懸情當深寬割晴通省告遣不

具王羲之白

長素摹不懸耿亦北佳也得敬豫

九日間故進退憂之深

知念許君與足下意政同但令非致言

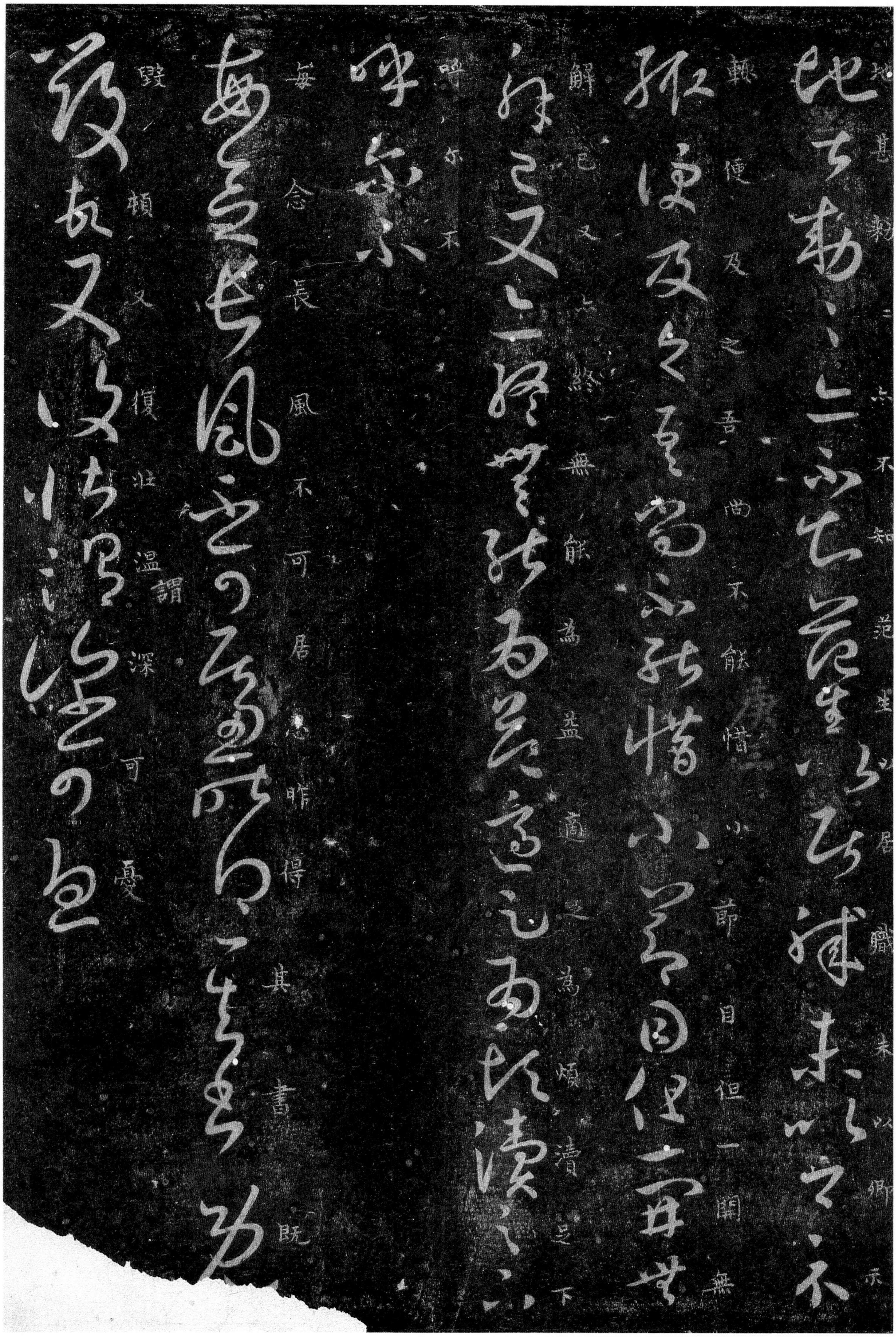

地甚勅之亦不知范生以居職未以卿示

輒便及之吾尚不能惜小節目但一開無

解已又之終無能為益適之為煩瀆足下

呼亦不

每念長風不可居忽昨得其書既

毀頓又復壯温謂深可憂

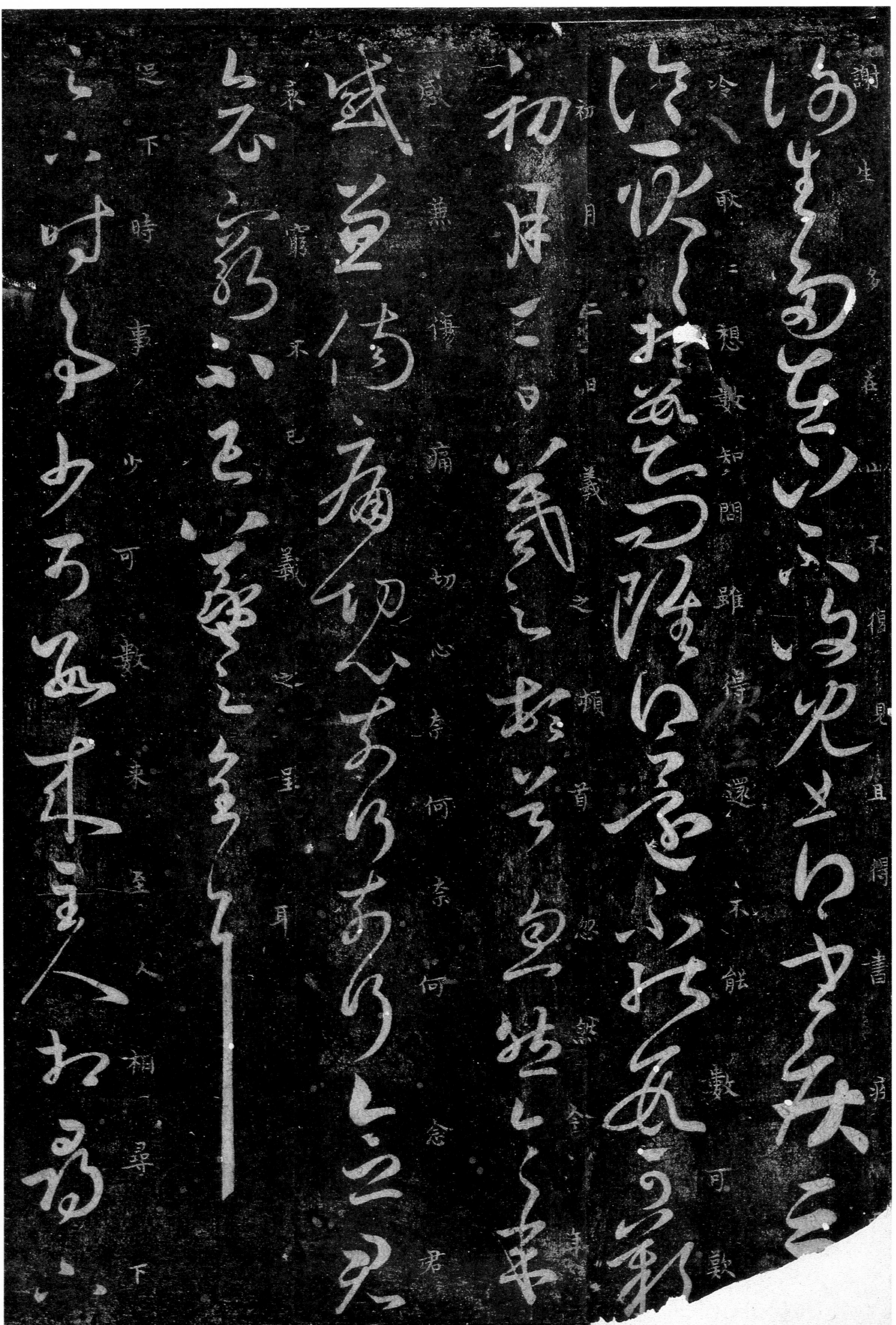

謝生多在山不復見且得書弱
冷冷耿耿想數知問雖得還還不能數可歎
初月廿四日羲之頓首忽然念年
感兼傷痛切心奈何奈何念君
哀窮不已羲之呈耳
足下時事少可數來至人相尋下

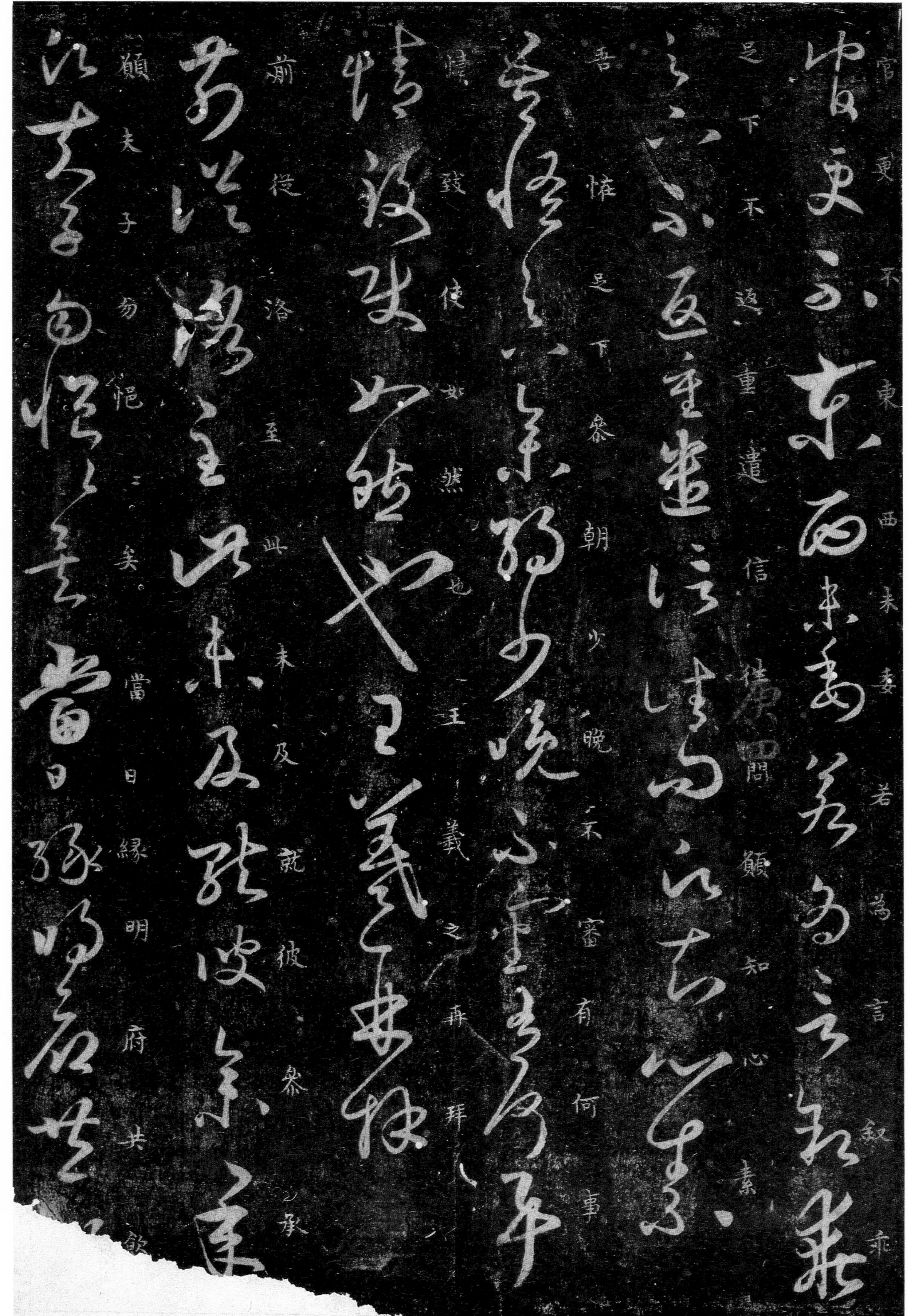
官更不東西未委若爲言叙乖
足下不返重遣信往問顛知心素
吾怯足下參朝少晚不審有何事
情致使如然也王羲之再拜
前從洛至此未及就彼參承
顛夫子匆悒之矣當日緣明府共飲

遂闕問顧足下莫見責義之頓首

十一月廿七日義之報得十四十八日二書

知問為慰寒切比各佳不念憂

勞久懸情吾食至少劣劣力因謝

司馬書不一一義之報

十月七日義之報前過足下所得其

書想殊有勞弊然對兒子孫有數
人足慰目前情至取答委曲故具
示可令必達以副此志且山川甚有
形勢遠想慨然又出藥精要有驗
信可致當大惠也從弟分別
吾深憂慮卿女轗軻想何可處

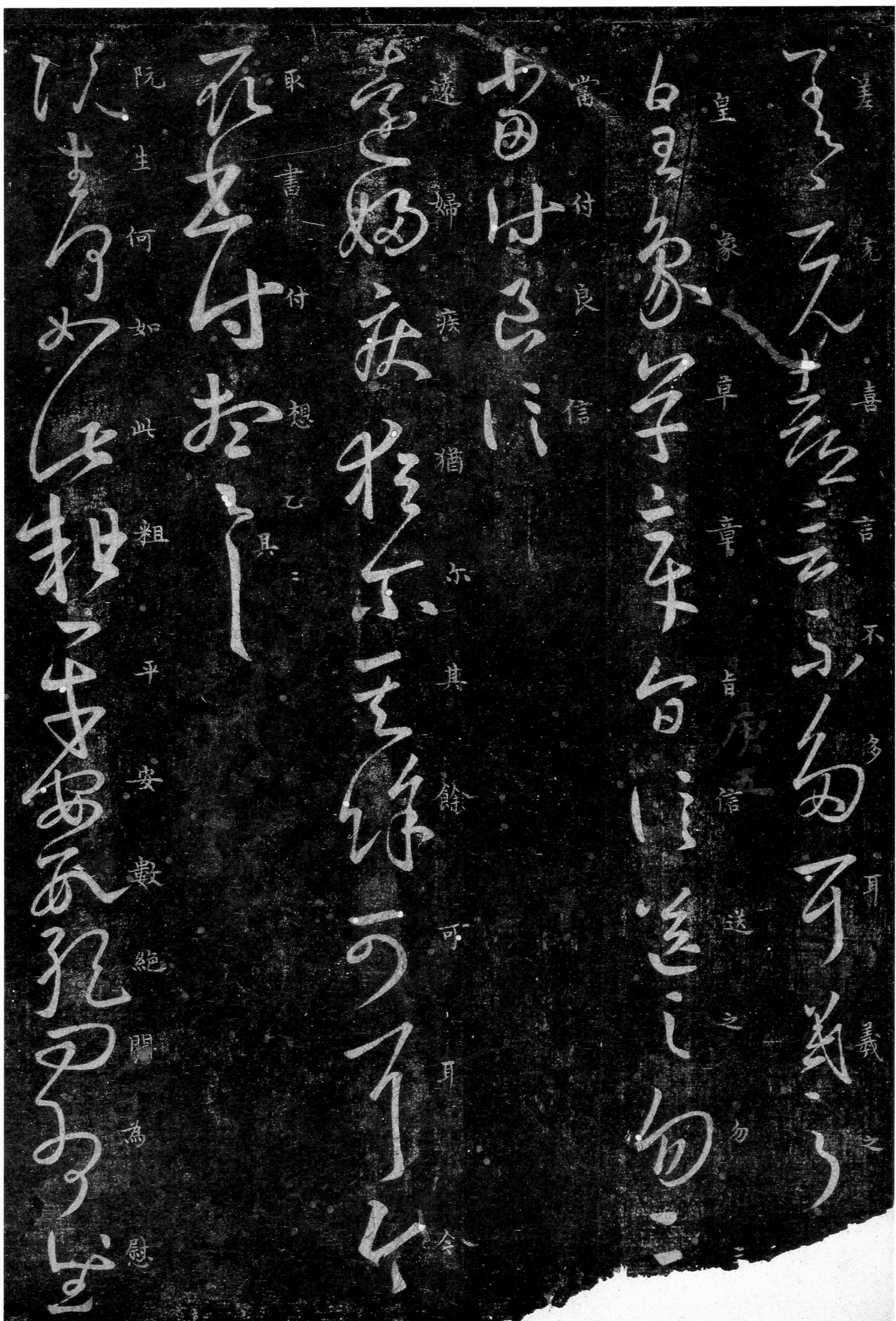
差充喜言不多耳義之
皇象章草旨信送之勿
當付良信
遂婦疾猶尔其餘可耳令
取書付想乙具
阮生何如此粗平安數絶問為慰

羲之白君晚可不想比果力不具
王羲之白
得遠嘉興書計今日必度喜
遲可言足下至慰今有書想足下
有旨信別告具之
云足下尚停數日半百餘里瞻

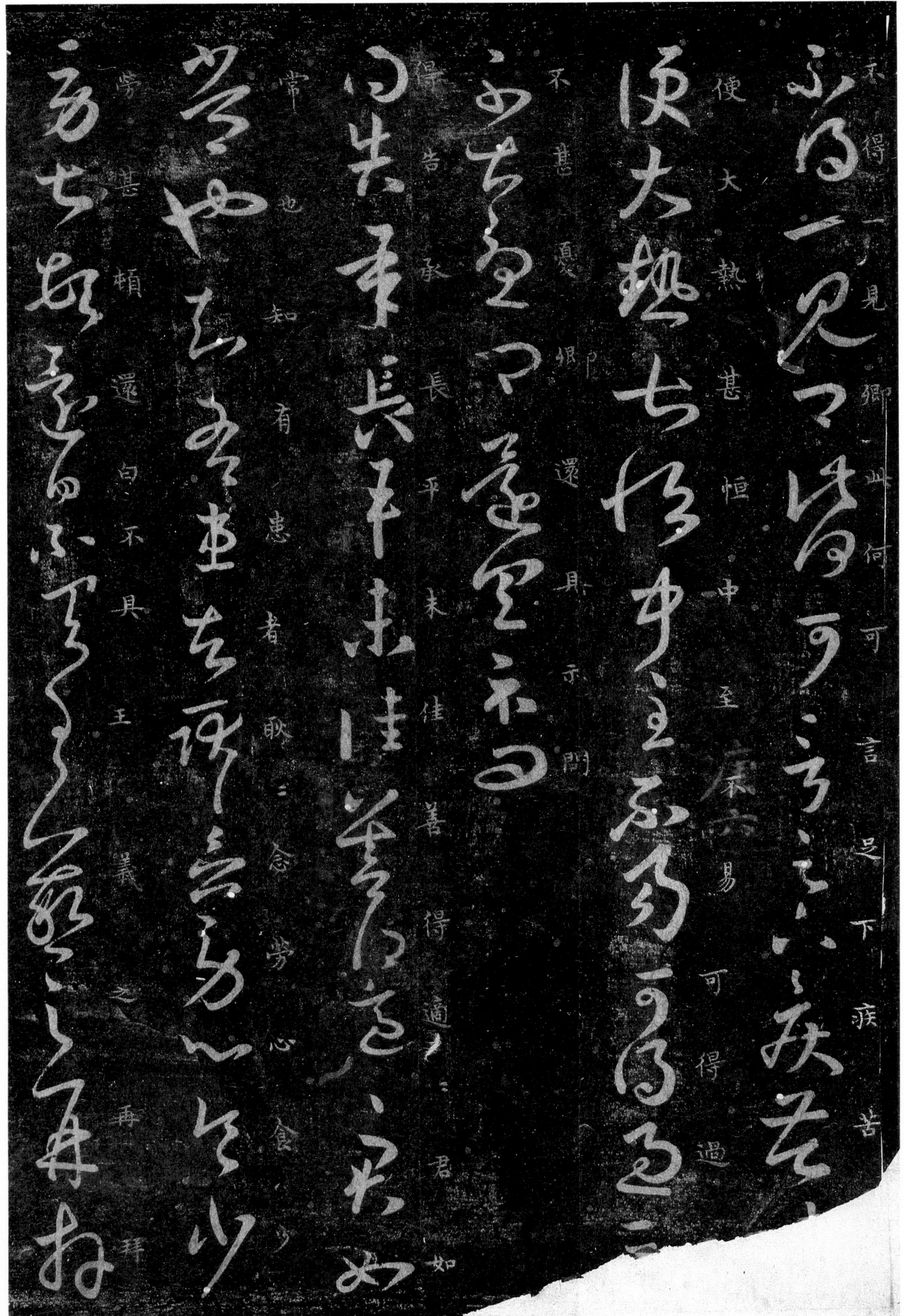

不得一一見卿此何可言足下疾苦
使大熱甚恒中至康不易可得過
不甚憂卿還具示問
得告承長平未佳善得適君如
常也知有患者耿耿念勞心食少
勞甚頓還白不具王羲之再拜

（大觀帖第七）

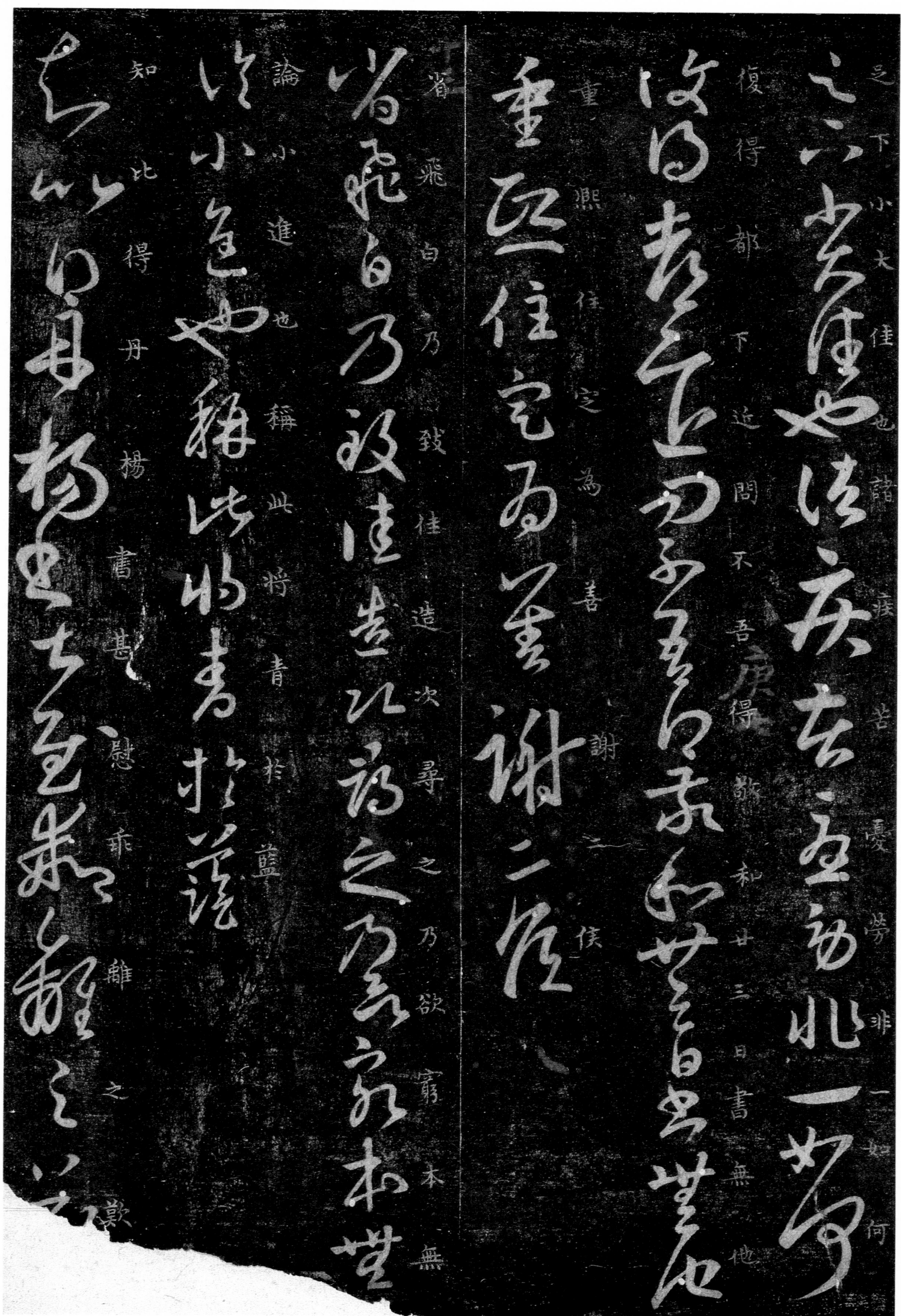

之下小大佳也諸疾苦憂勞非一如何
復得都下近問不吾得敬和廿三日書無他
重熙佳之為善謝之佚
省飛白乃致佳造次尋之乃欲窮本無
論小進也稱此將青於藍
知比得丹楊書甚慰乖離之歎

當復可言尋荅其書足下

事復行使為索然良不可言此

分明遲面乙〻具

太常故患腳灸愈〻體中可〻耳

僕射事已行以表讓未知想不

求復司州旨告懸諫鄱陽歲使

應有書而未得

向示得万書委曲備悉使人慨然

見足下乃悉知紂虜剋昨發月半

略必至未見勞叅軍

熱日更甚得書知足下不堪之同此無賴

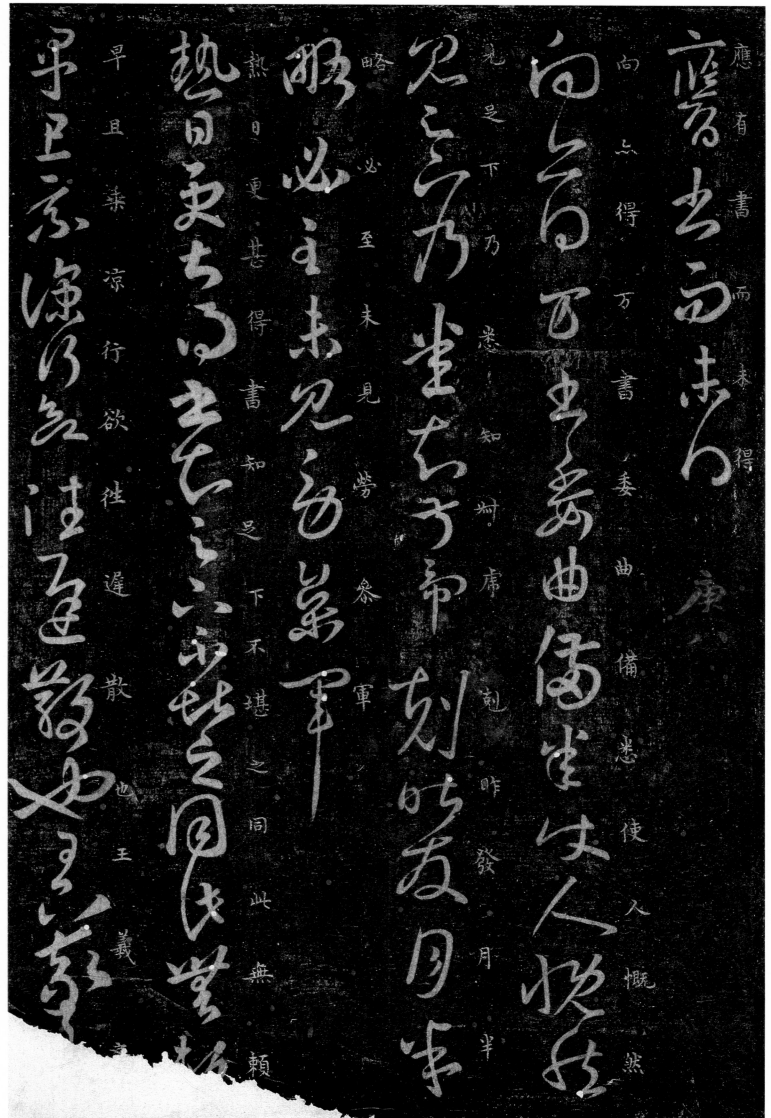

早且乘涼行欲往遲散也王羲之

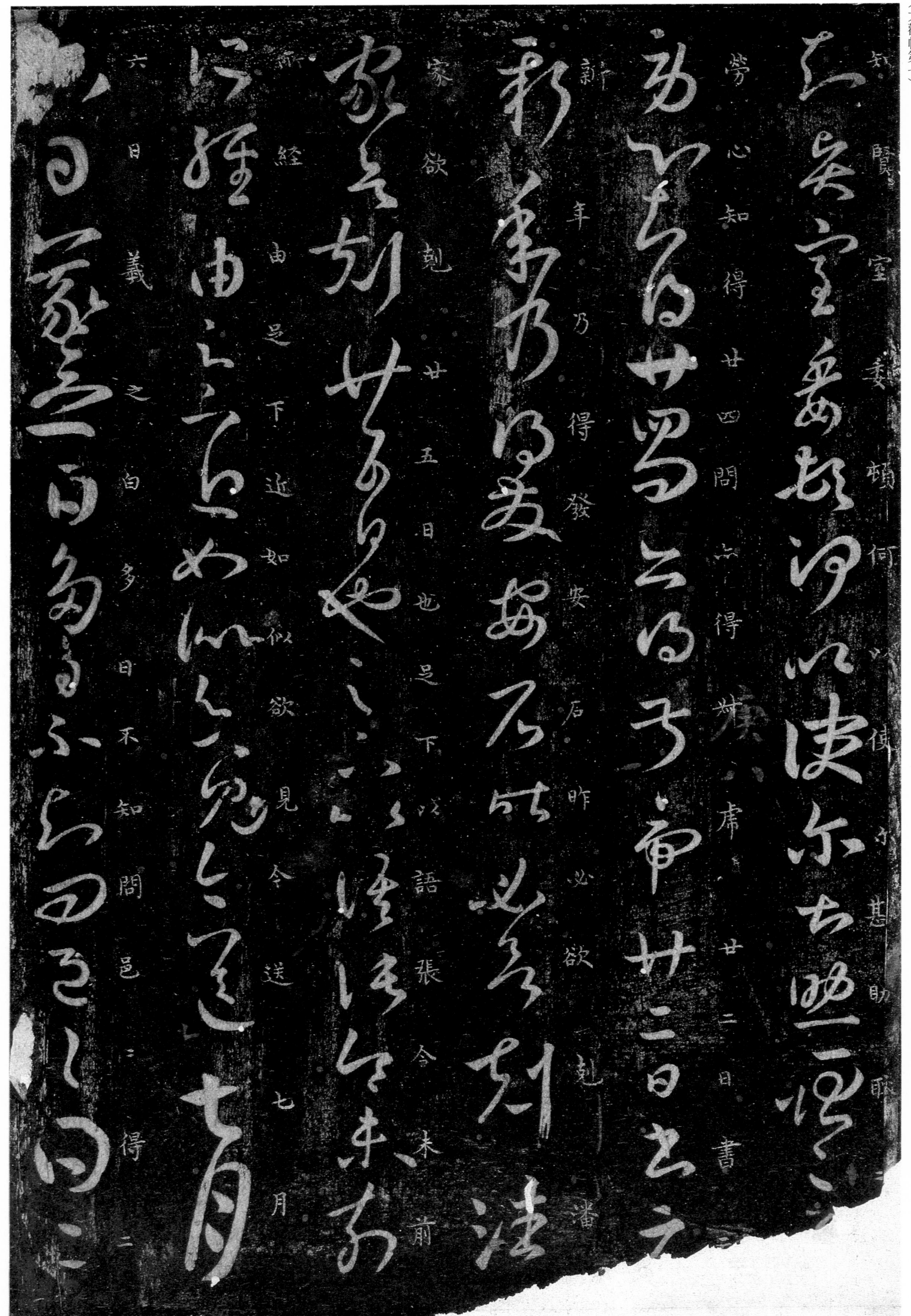
知賢室委頓何以使尔甚助耿
勞心知得廿四問亦得対虎廿二日書
新年乃得發安石昨必欲剋潘
家欲剋廿五日也是下以語張令未前
新經由是下近如似欲見令送七月
六日羲之白多日不知問邑邑得二

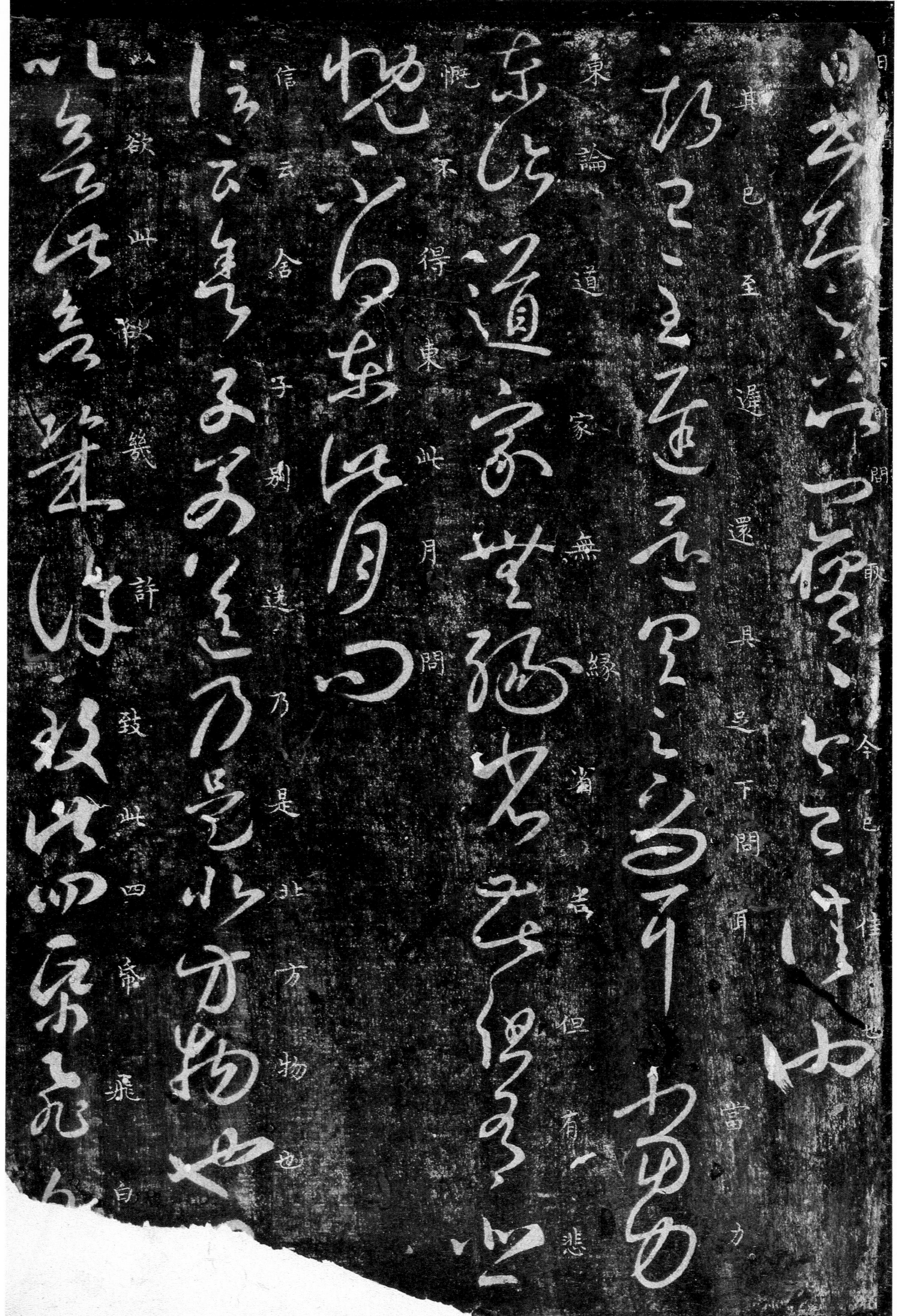

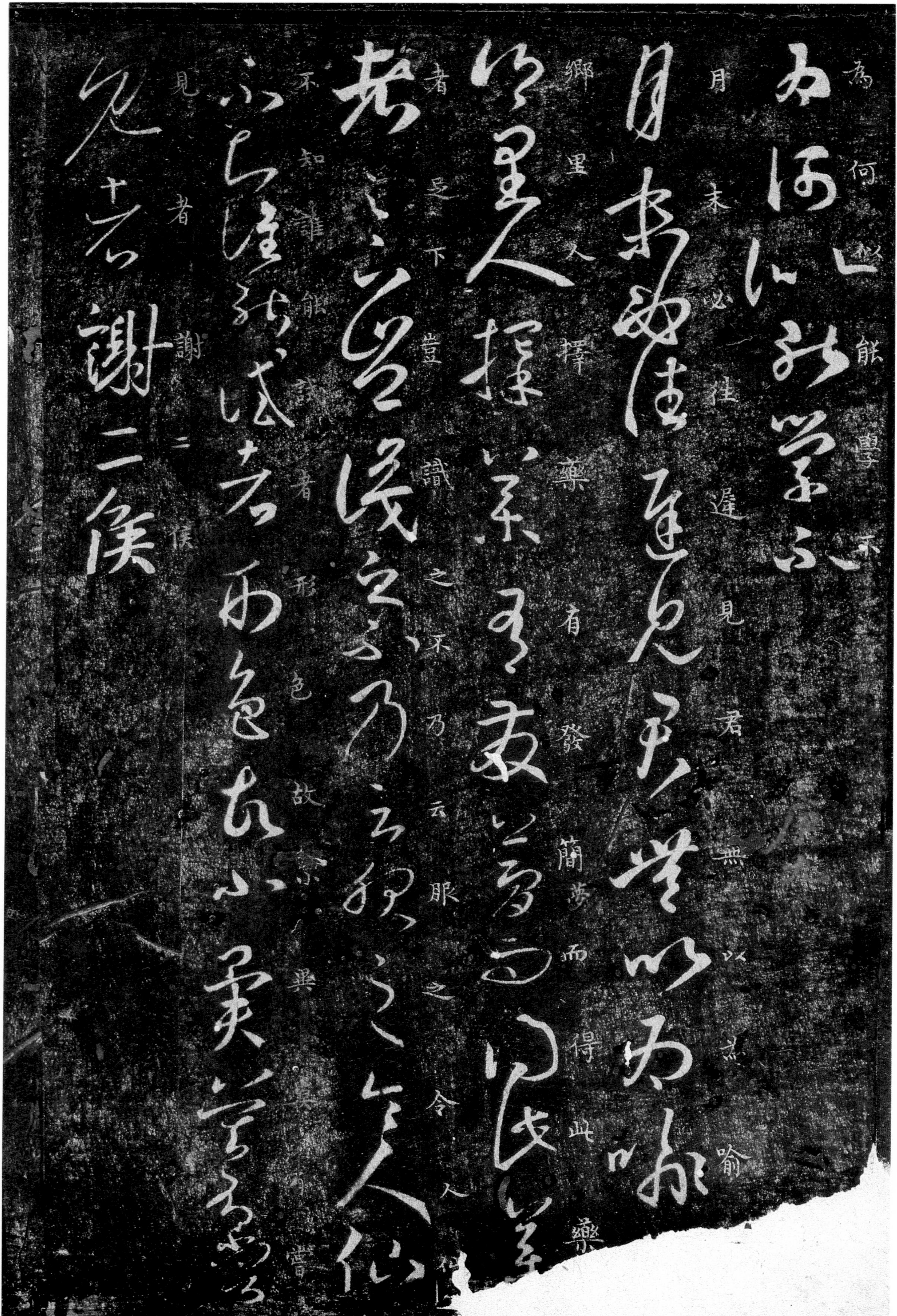
為何以能學不
月未必往遲見君無以喻
鄉里人擇藥有發簡夢而得此藥
者足下豈識之不乃云服之令人仙
不知誰能試者形色故小異莫肯嘗
十六
見者謝二侯

昨見君歡復無喻然未善悉想宿

昔可耳脅中云何善消息值周

轉勝也耿耿疾患小差與弘遠俱諸遅

無寫懷王羲之

雪候既不已寒甚感冬平

患是下未當不堪之轉復知

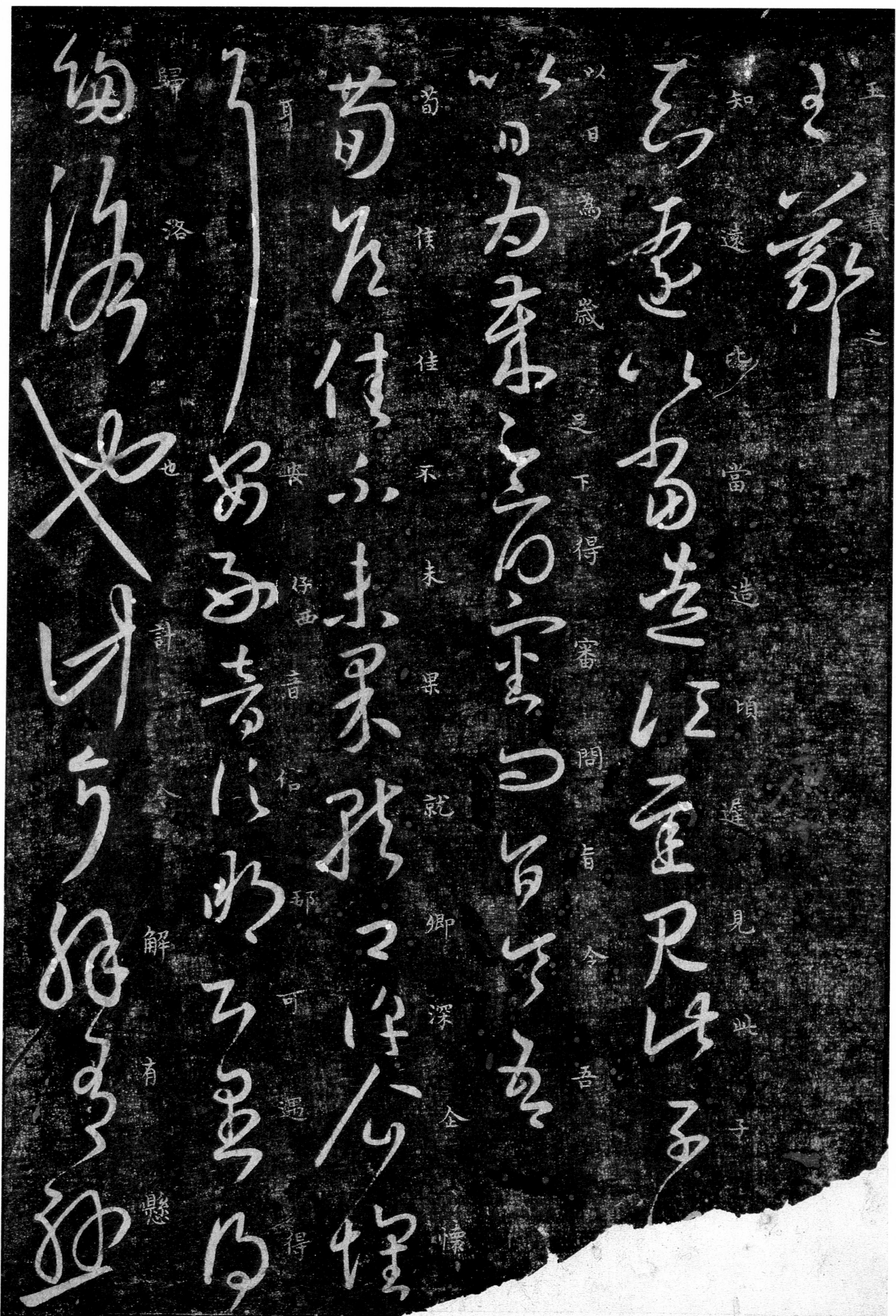

（大觀帖第七）

（大觀帖第七）

伏尋

知君當有分住者念處窮毒

而復分乖尚可居情想反理

斷當

旦反想至所苦晚差不耿耿僕腳

不堪沈陰重痛不可言不知何以治

憂深力不乙二王羲之頓首

深以自慰理有大斷其思豁之

畫之下勿乃憂之足下殊當以為憂

吾故乙二示問

晚復毒熱想足下所苦並以佳猶

眠耳吾至頓劣異涼意散力知問

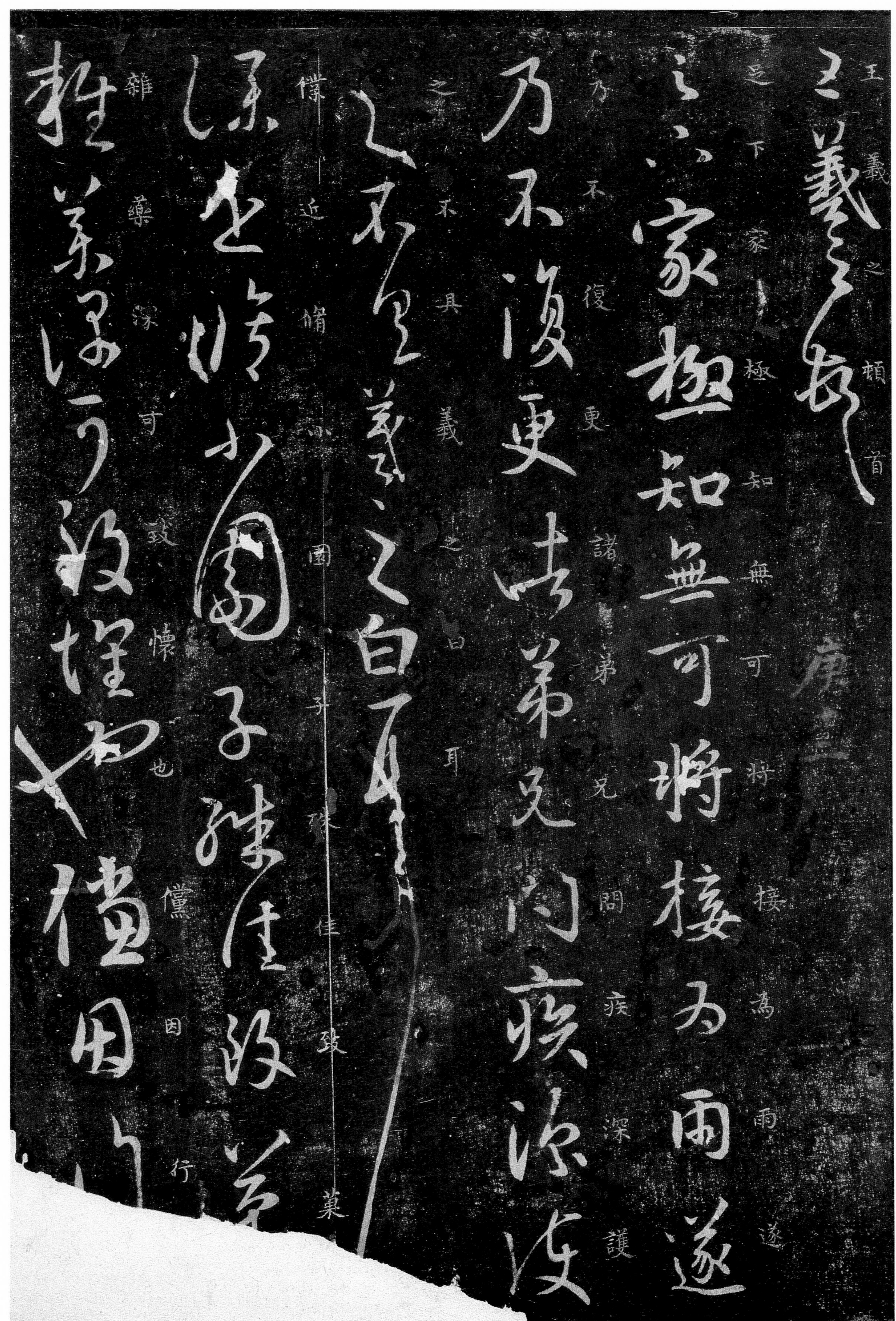
王羲之頓首
足下家極知無可將接為雨遂
乃不復更諸弟兄問疾深護
之不具羲之白耳
僕近脩小園子殊佳致菓
雜藥深可致懷也儻因行

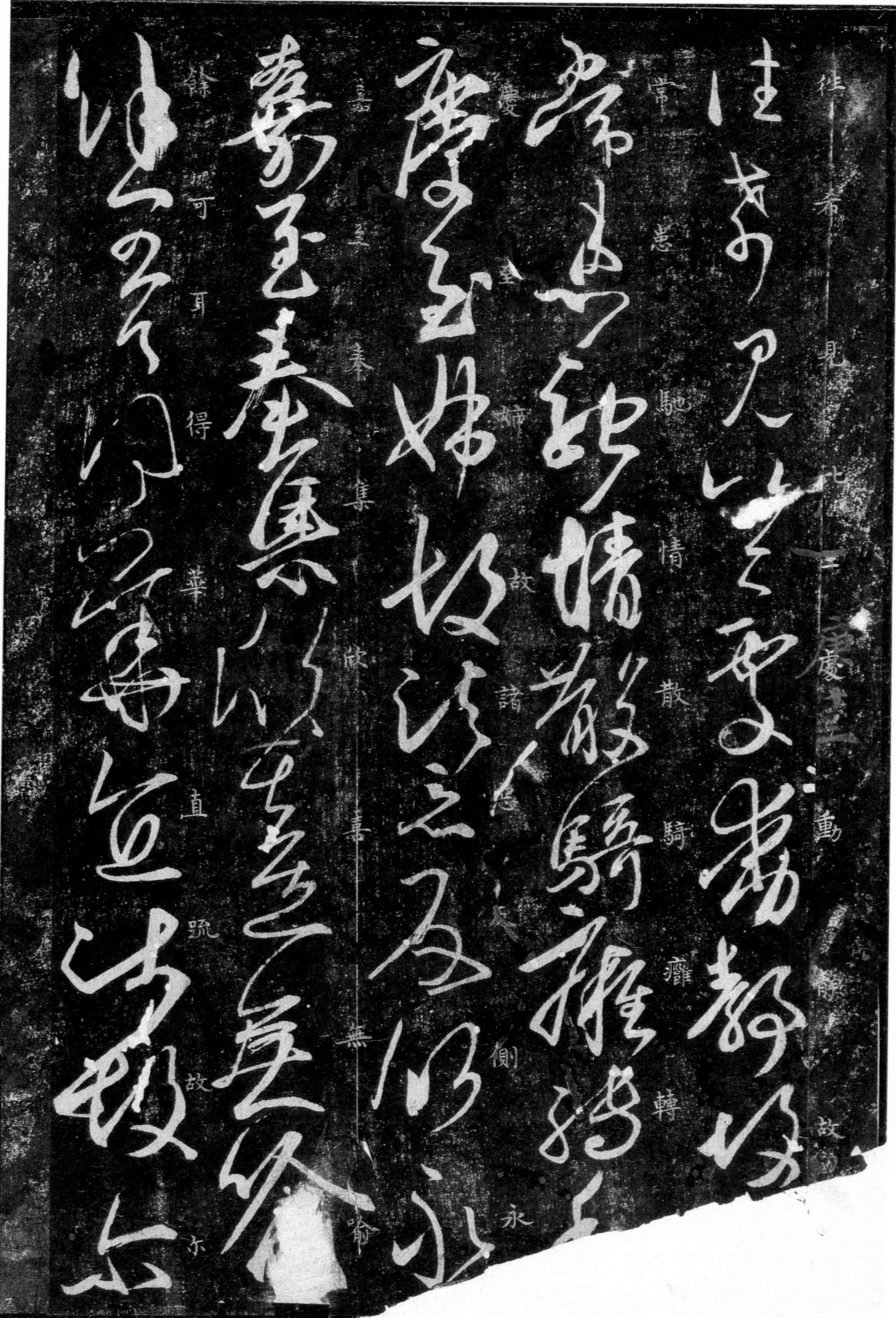

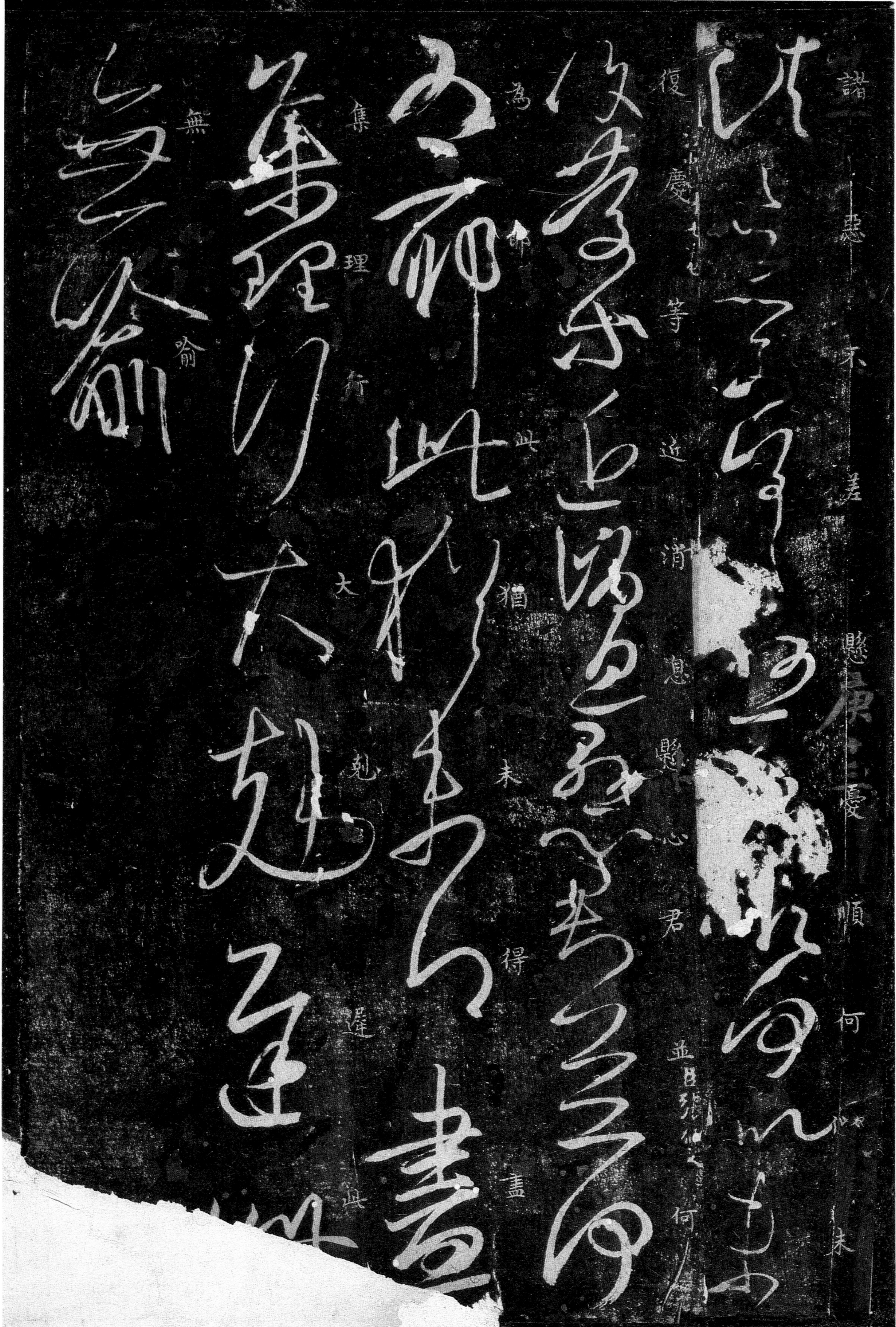

諸 惡 不 差 懸 憂 順 何 未
復 慶 等 近 消 息 懸 心 君 並 且 何
為 卿 與 猶 未 得 盡
集 理 行 大 勉 遲 與
無 喻

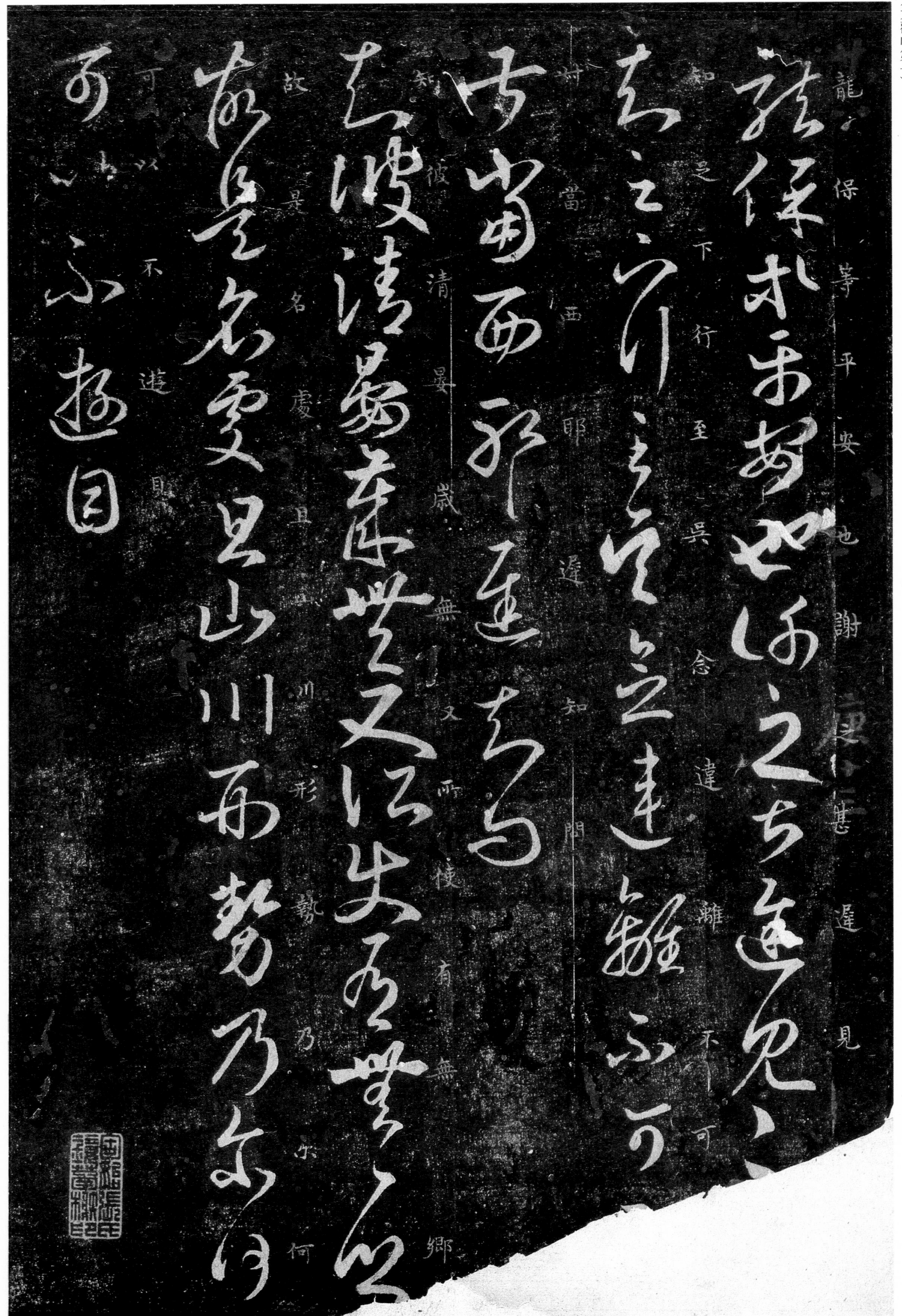
龍保等平安也謝之甚遲見
知足下行至吳念違離不可
當西耶遲知問
知彼清晏歲無又所使有無鄉
故是名處且山川形勢乃爾何
可以不遊目

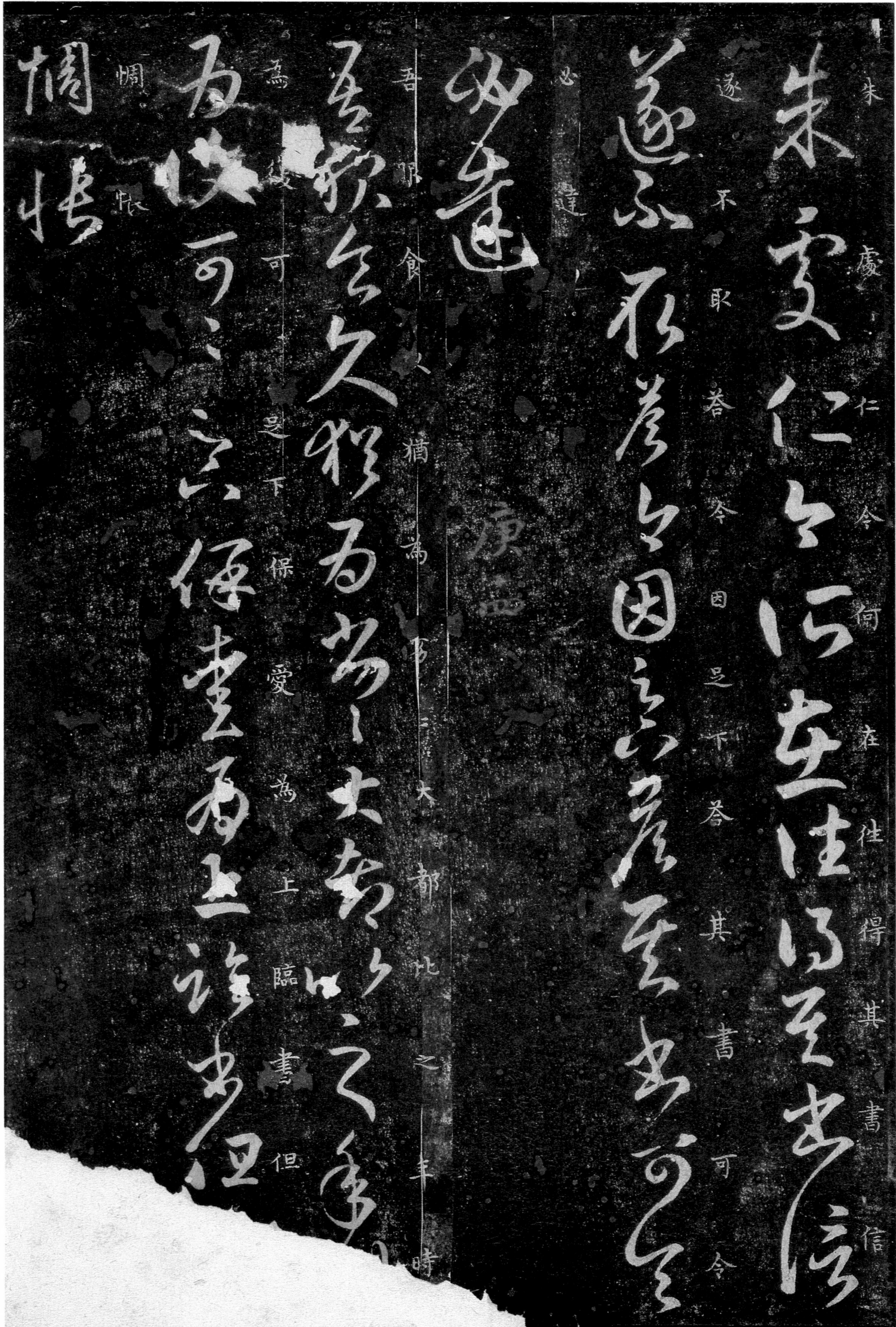
朱處仁今何在往得其書信
遂不取答今因是下答其書可令
必達
吾服食久猶為劣劣大都比之年時
為復可可是下保愛為上臨書但
惆悵

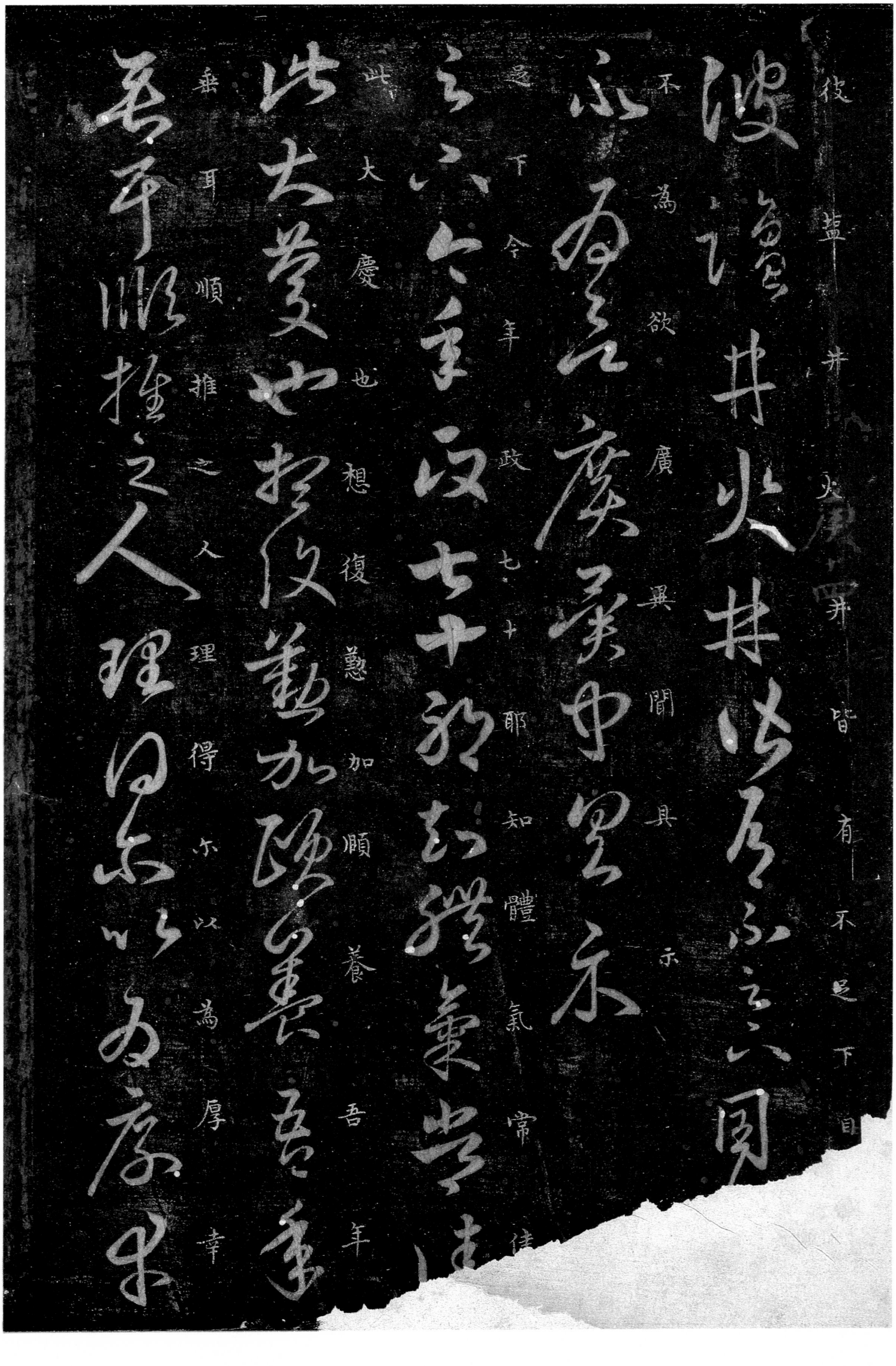

彼鹽井火井皆有不足下目

不為欲廣異聞具示

足下今年政七十耶知體氣常佳

此大慶也想復懃加順養吾年

垂耳順推之人理得亦以為厚幸

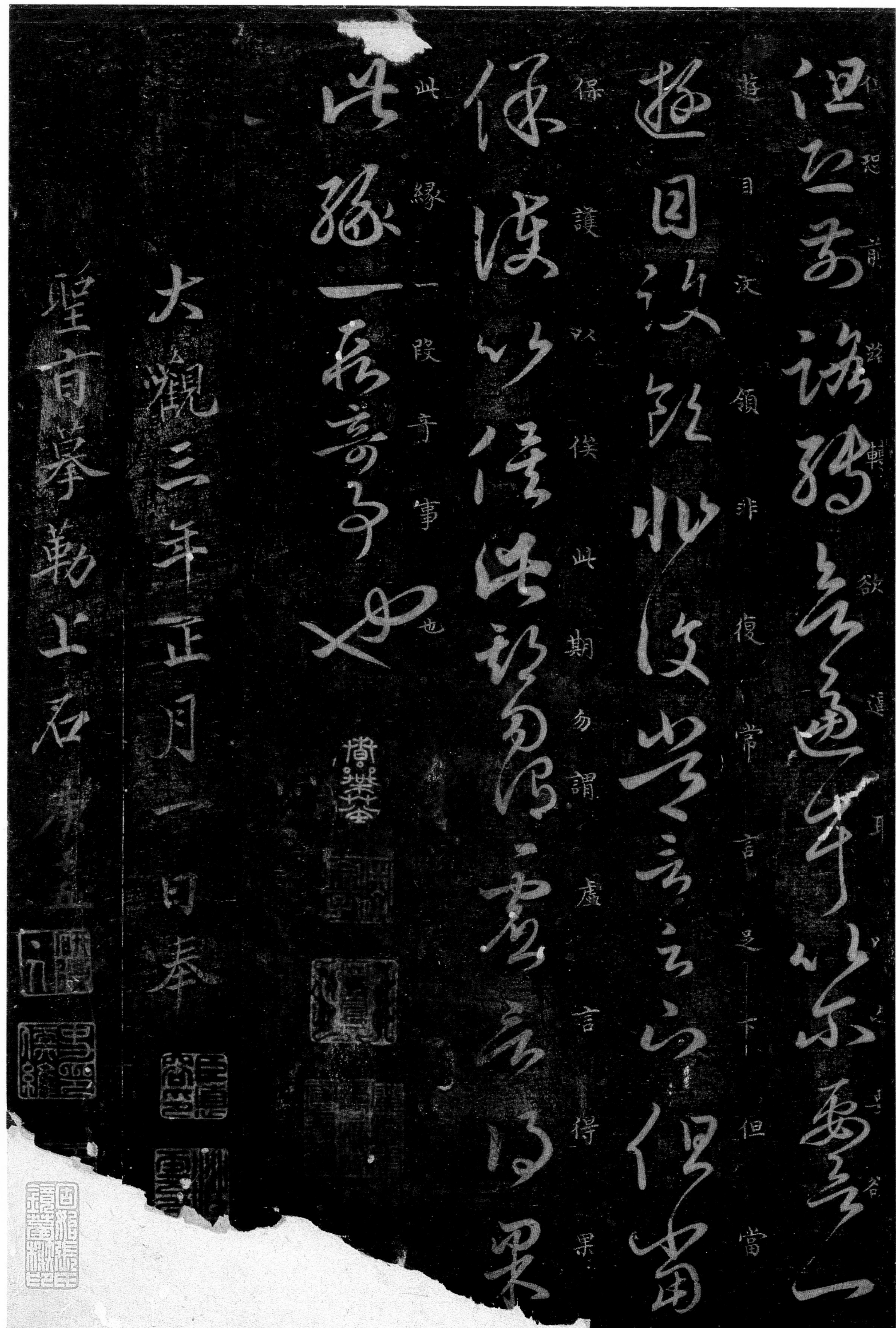
遊目汶領非復常言足下但當
保護以俟此期勿謂虛言得果
此緣一段奇事也
大觀三年正月一日奉
聖旨摹勒上石

右軍書之在石刻者如水之在地洩之則流故右軍之神氣至今存焉況淳化大觀尤為江河萬古不廢之流手當時內府真本余昔曾見之其精妙不待言矣然轉覺其

太王不爲此種遺留之本別有亂頭粗服風韻寶之北嵐先生以爲何如之並告吾家楊甫也

文點識

右大觀帖第七卷全宋刻宋拓紙墨精古商丘宋氏
舊藏而固始張簡盦前輩二十年前於無意中得
之簡盦廉介伉直有聲於光緒朝薄俸所入盡
以供碑版書畫之需其時物值尚廉故雖資力有
限亦恒獲銘心之品此帖其一也公子儆彬克承家
學守之弗敢失今且同楊蔭北京卿所藏覃溪題

第六卷用珂羅版印行以餉同好余故樂為跋之
按大觀帖刻石未二十年即遘靖康之亂拓本傳
世故較淳化尤少至南宋時榷場所拓亦不恒有
然猶是原石也元顧玉山始有重刻本劉後村謂
淳化為祖大觀尤妙王澧翁云若論久近則大觀
後于淳化論精粗則大觀前無帖矣蔡元長事

業不滿人意而書學視王著頗勝故所拓有一
種雄桀之氣与潭絳諸本廠、學步者不同宜
世人視此帖爲墨皇也此写紙性純麻色白鐔
蠟沈淨前後一律當是政宣間打本帖石每
段末閒有小字文曰法帖第七卷下云臣某、與
覃溪所跋臨川李氏淡墨本摽刻略同爲宋拓

原石之確證搨本首二頁適得行成近得書

昨書四帖極豐穰瑰麗之觀此本神采尚不

能及然字裏行間肥而不癡樸而不媚固是

一時佳拓王弇州得第七卷不全本題云今汪象先

夜賦不著此則首尾完具又元美所未見矣

乙未大寒燈下書

頑山居士寶熙

宋拓大觀帖第七卷固始
張劭予前輩鏡菡榭舊藏丁巳八月既望敬觀
一過因題　蓮花朱益藩

丁巳八月二十七日閩縣陳寶琛觀

祁文端舊藏大觀帖庚子之亂散出曾一見之紙墨與
此正同此本爲固始
張蘭龕侍郎鏡菡榭所收宋拓致佳本云得之高郵宋氏
故紙堆中古物顯晦正自有時今得從　徵栻借觀眼福不淺
承　命題因記因錄所聞南豐趙世駿書

戊午夏五泉唐汪大燮敬觀

己未正月二日合肥李經畬敬觀

先公舊藏古法帖以此大觀第七卷為最紹興御府黃庭次
之不肖續收碑刻以麓山寺搜字未剜失者為難得陶齋
本龍藏寺次之丙寅丁卯間于役北海國帑不給逋負鉅
萬罷官後無所取償於是龍藏麓山均入質庫旋聞楊
氏所藏大觀帖第六亦歸美洲人而此冊已喪其偶矣加之
兵燹迭經鄰氛尤惡如此奇珍其能長為張氏世守耶今
者江淮洊水為災一二同志創藝苑協拯會徵物醵金姑
出此冊懸直萬鎰以待因預書其尾

辛未秋仲固始張瑋傚彬誌於北平芳嘉園

此冊與第六卷影印時不知何處尚有大觀帖真本其後臨川李氏藏第二三五卷出知即明王元美故物皆無王字辛未冬第十卷又出乃大令書亦元美所收之一戊寅春獲見聊城楊氏藏半部其第六卷原本止三開祁文端有跋以為覃溪題本無異良是卻裝第八卷於前乃寶賢堂帖翦去首尾易以大觀名者不知當日何以真贋雜糅如是自董文敏重摹時已不能得全璧況今又三百餘年焉得不稀如星鳳也耶

乙未寒露啟園再題年已七十有四矣

澄清堂帖
五

澄清堂帖卷十一

石刻盡始
皇帝所爲
也今襲號
而金石刻

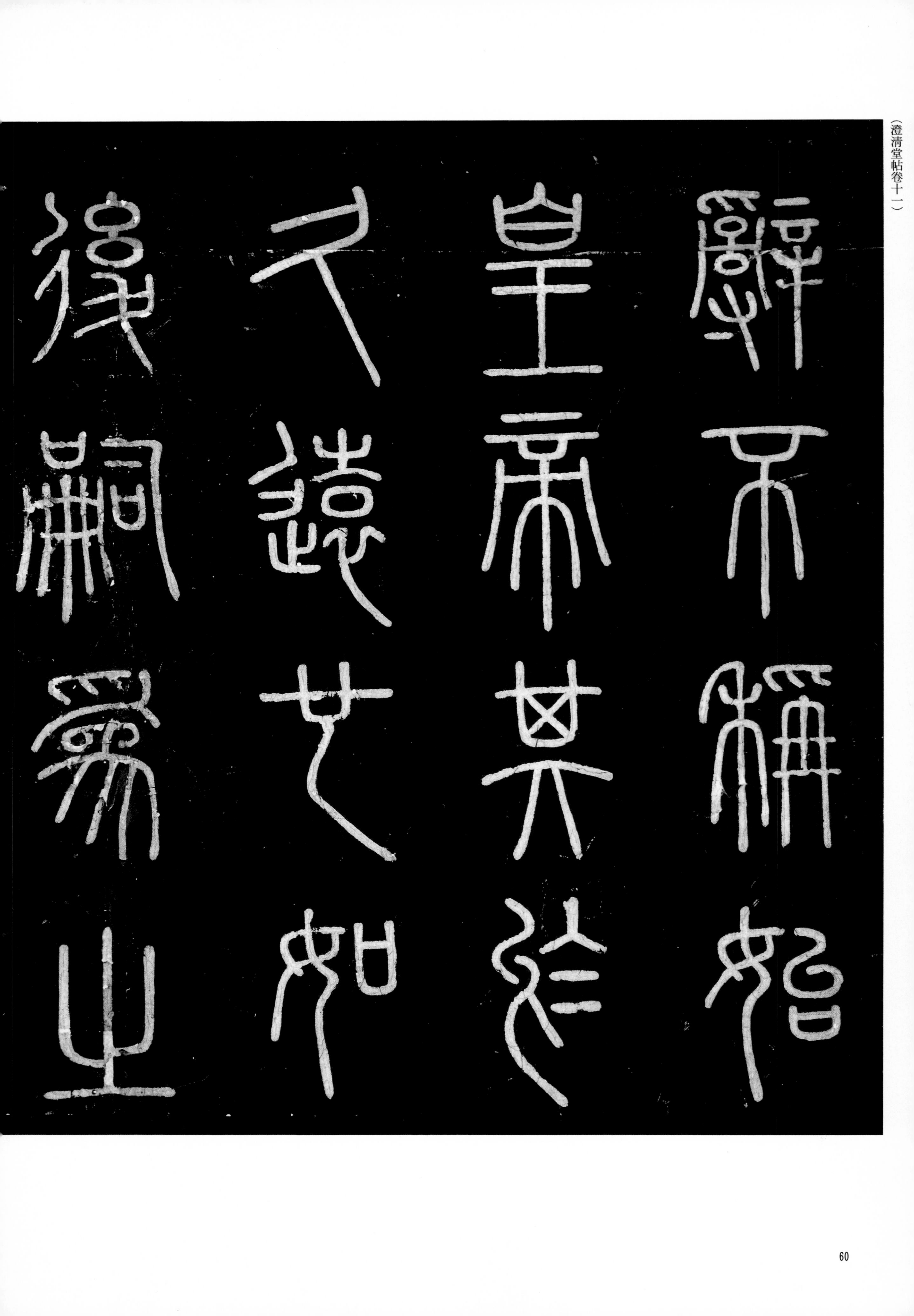

者不稱成
功盛德丞
相臣斯臣

去疾御史
夫臣德昧
死言臣請

具刻詔書

金石刻因

明白矣臣

昧死請制

曰可

秦始皇帝廿六年初

并天下廿八年親巡

東方海上登琅邪臺
觀出日樂之忘歸從
黔首三萬家臺下刻
石頌秦德焉二世元
年復刻詔書其旁今
頌詩亡矣其從臣姓

五四

名僅有存者而二世
詔書具在自始皇帝
廿八年歲在壬午至
今熙寧九年丙辰凡
千二百九十五年而

蜀人蘇軾來守高密
得舊帋本於民間比
今所見猶為完好知
其存者磨滅無日矣
而廬江文勛適以事
至密勛好古善篆得

李斯用筆意乃摹諸
石置之超然臺上夫
秦雖無道然所立有
絕人者其文字之工
世亦莫及皆不可廢

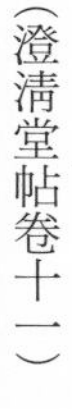

後有君子得以覽觀
焉正月七日甲子記

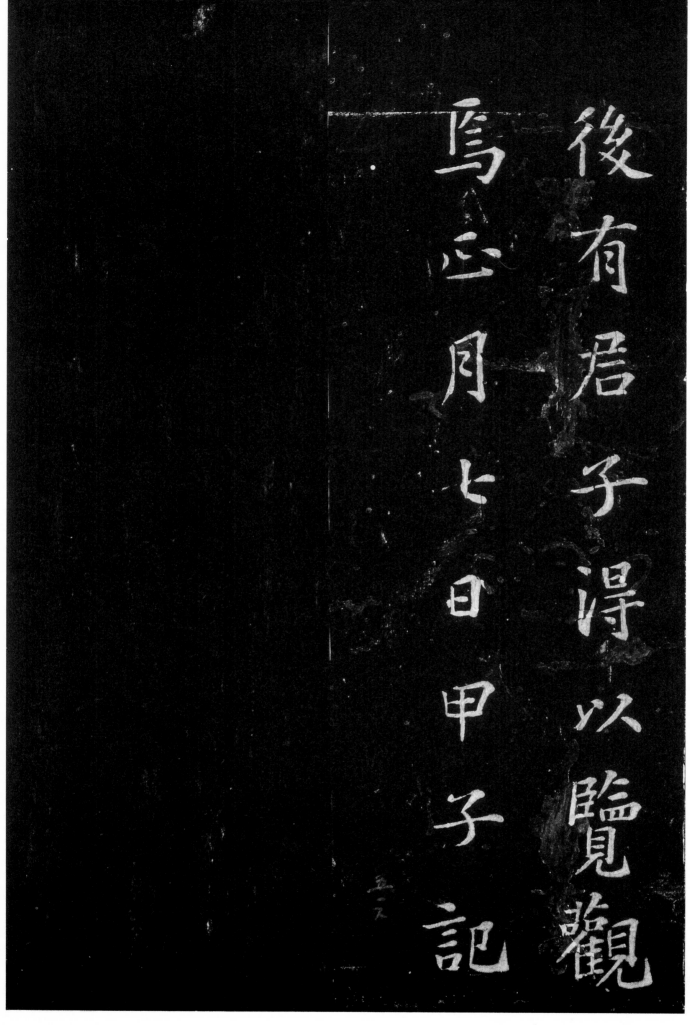

臣聞好兵猶好色也傷生之事非一而
好色者必死賊民之事非一而好兵者必
亡此理之必然者也夫惟聖人之兵必出於不
得已故其勝也則享安全之福其不勝也
必無意外之患後世用兵皆得已而不已
故其勝也則變遲而禍大其不勝也
則變速而禍小是以聖人不計勝負
功而深戒用兵之禍何者興師十万日費

千金內外騷動殆於道路者七十万家內
則府庫空虛外則百姓窮匱飢寒
逼迫其後必有盜賊之憂死傷怨恚其
終必致水旱之報上則將帥擁衆有跋
扈之心下則士衆久役有潰畔之志變故
百出皆由用兵至於興事首議之人冥
謫尤重蓋以平民無故緣兵而死怨氣
衰積以有任其咎者是以聖人畏之重之

非不得已不敢用也自古人主好動干戈由敗
而亡者不可勝數臣今不敢復言請為
陛下言其勝者秦始皇既平六國復事
胡越戍役之患被於四海雖拓地千里遠
過三代而墳土未乾天下怨叛二世被害子
嬰被擒滅亡之酷自古所未嘗有也漢
武帝承文景富溢之後首挑匈奴兵連
不解遂侵尋於諸國歲調發所至

成功建元之間兵驕始作是時蚩尤旗出
其長與天等而其春戾太子生自是師行
三十年死者無數及巫蠱事起京師流血
僵尸數萬太子父子皆敗故班固以為太子
生長於兵與之終始帝雖悔禍自克而沒
身之恨已無及矣隋文帝既下江南繼事
夷狄煬帝嗣位此志不衰皆能誅滅強國
威震萬里然而民怨盜起亡不旋踵唐太

宗神武無敵尤善用兵既已破滅突厥
高昌吐谷渾等猶且未猒親駕遼東皆
志在立功非不得已而用其後武氏之難宗
室陵遲不絶如綫蓋用兵之禍物理難逃
不然太宗仁聖寬厚克己裕人幾至刑
措而一傳之後子孫塗炭此豈爲善之報
也哉由此觀之漢唐用兵於寬仁之後故勝
而僅存秦隋用兵於殘暴之餘故勝而遂

臧臣每讀書至此未嘗不掩卷涕泣傷
其計之過也若使此四君者方其用兵之初
隨即敗衄惕然戒懼知用兵之難則禍
敗之興當不至此不幸每舉輒勝故使狃
於功利慮患不深臣故曰勝則變遲而禍
大不勝則禍變速而禍小不可不察也昔
仁宗皇帝覆育天下無意於兵將士惰
媮兵革朽鈍元昊乘間竊發西鄙延

五九

安涇原麟府之間敗者三四所喪動以万計
而海内晏然兵休事已民無怨言國無遺
患何者天下臣庶知其無好兵之心天地鬼
神諒其有不得已之實故也今陛下天錫
智勇意在富強即位以來繕治甲兵伺
鄰國群臣窺見此指多言用兵其始也
薛向為橫山之謀韓絳效深入之計師徒
撓敗財用耗屈較之寶元慶曆之敗不

及十一然而天怒人怨邊兵背畔京師騷然陛下為之旰食者累月何者用兵之端 陛下作之是以吏士無怒敵之意而不直 陛下也尚賴 祖宗積累之厚皇天保佑之深故使兵出無功感悟 聖意然淺見之士方且以敗為恥力欲求勝以稱上心於是王韶構禍於熙河章惇造釁於梅山熊本發難於渝瀘然此等皆戕殺已降俘虜

乃爲國幹腹心而取空虚無用之地以為
武功使　陛下受此虚名而忽於實禍勉
强砥厲奮於功名故沈起劉彝復發於
安南使十餘万人暴露瘴毒死者十五六而
路之人斃於輸送貲粮器械不見敵而盡
以為用兵之意必且少衰而李憲之師復出於
洮州矣今師徒克捷銳氣方盛　陛下喜
於一勝必有輕視四夷陵侮敵國之意天意

難測臣實畏之且夫戰勝之後 陛下所
得而知者凱旋捷奏拜表稱賀赫然耳
目之觀耳至於遠方之民肝腦塗於白刃
筋骨絕於饋餉流離破產鬻賣男女
薰眼折臂自經之狀 陛下必不得而見也慈
父孝子孤臣寡婦之哭聲 陛下必不得而
聞也譬如屠殺牛羊刳臠魚鱉以為膳
羞食者甚美見食者甚苦使 陛下見其

號呼於挺刃之下宛轉於刀匕之間雖八珍之美
必將投筯而不忍食而況用人之命以為耳目
之觀乎且使　陛下將卒精強府庫充實
如秦漢隋唐之君則既勝之後禍亂方興尚
不可救而況所任將吏罷軟凡庸較之古
人万万不及而數年以來公私窘急內府累
世之積掃地無餘州郡征稅之儲上供殆盡
百官俸廪僅而能繼南郊賞給久而未

辨以此舉動雖有智者無以善其後矣
且饑疲之後所在盜賊蜂起京東河北尤
不可言若軍事一興横斂隨作民窮而無
告其勢不爲大盜無以自全邊事方深内
五十三
患復起則勝廣之形將在於此此老臣所以
中夜不寐臨食而歎至於慟哭而不能止
也且臣聞之凡舉大事必順天心天之所向
以之舉事必成天之所背以之舉事必敗蓋天心

向背之迹見於災祥豐歉之間今自近歲日食星
變地震山崩水旱癘疫連年不止民死將
半天之向背可以見矣而陛下方且斷然不
顧興事不已譬如人子得過於父母惟有恭
順靜默引咎自責庶幾可解今乃紛然
詰責奴婢恣行箠楚以此事親未有見赦
於父母者也故臣願 陛下遠覽前世興
亡之鑒深察天心向背之理絕意兵革之

事保彊睦鄰安靜無爲々社稷長久々
計上要 二宮朝夕々養下以濟四方億兆々
命則臣雖老死溝壑瞑目於地下矣昔漢
祖破滅群雄遂有天下光武百戰百勝祀
漢配天然至白登被圍則講和親之議西域
請吏則出謝絕之言此二帝者非不知兵也
蓋經變既多則慮患深遠今 陛下
深居九重而輕議討伐老臣庸懦私竊

以為過矣然而人臣納說於君因其既厭
而止之則易為力迎其方銳而折之則難為功
凡有血氣之倫皆有好勝之意方其意之盛
也雖布衣賤士有不可奪自非明智特達度
量過人未有能於勇銳奮發之中舍己從人
惟義是聽者也今 陛下盛氣於用武勢不
可回臣非不知而獻言不已誠見 陛下聖德

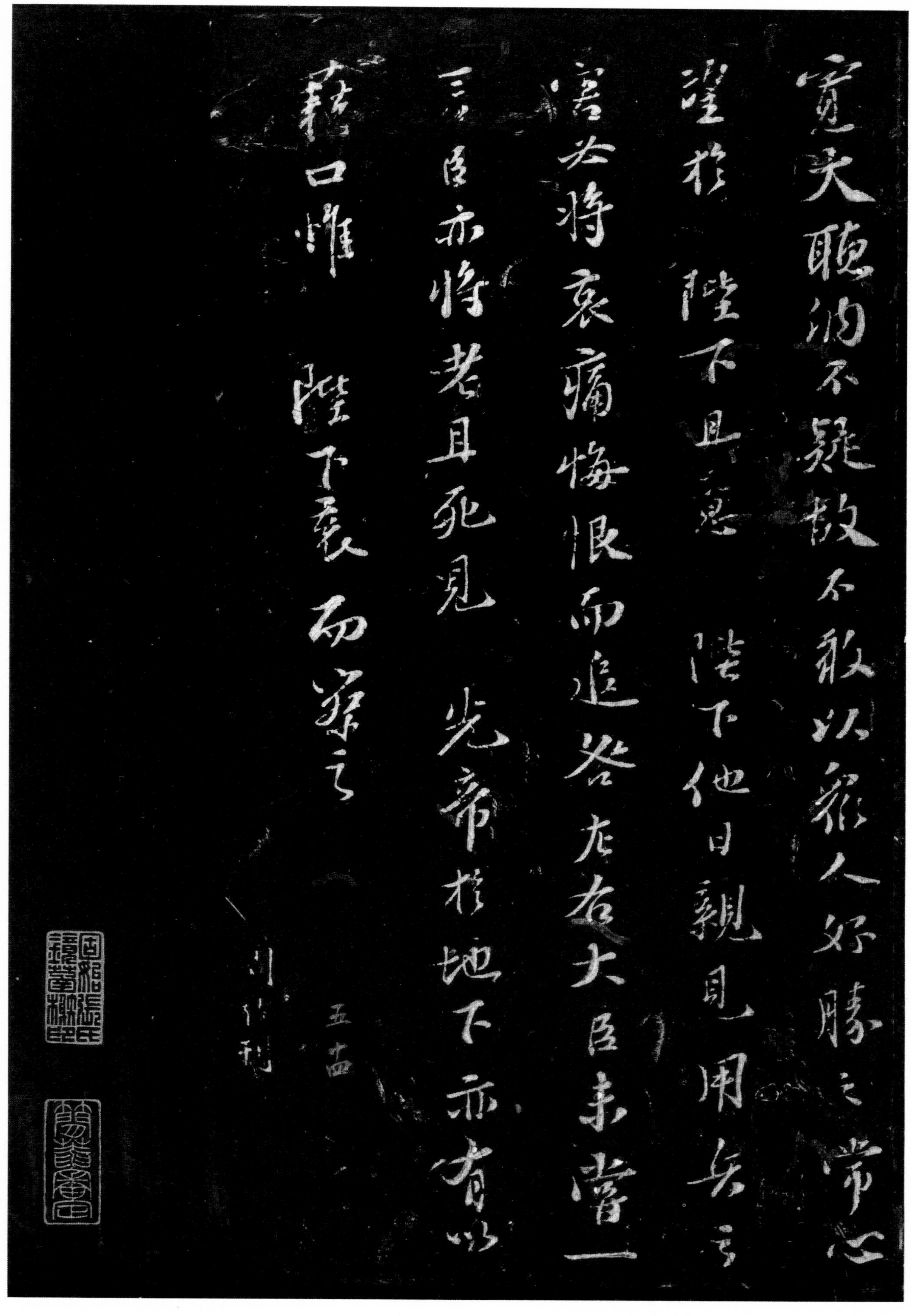
寬天聽納不疑故不敢以犯人好勝之常心
望於陛下且息陛下他日親見用兵之害
必將哀痛悔恨而追咎左右大臣未嘗一
言臣亦將老且死見先帝於地下亦有以
藉口惟陛下哀而察之

臣軾言去歲十二月廿八日准
敕責授臣檢校水部員外郎黃州
團練副使本州安置不得簽書本州
公事臣已於今月一日到州訖者狂愚冒
犯固有常刑仁聖矜憐特從輕典
赦其必死許以自新祗服訓詞惟知感
涕臣軾誠惶誠恐頓首頓首伏念臣早

緣科第誤辱搢紳親隆
興妄有功名之意亦嘗賜對便殿考
其所學之言試守三州觀其行事之
實而臣用意過當日趨於迷賦命
衰窮天奪其魄叛違義理辜負
恩私茫如醉夢之中不知言語之出
雖至仁屢赦而衆議不容按罪責

情固宜伏斧鑕於兩觀推恩屈法
猶當潔魑魅於三危豈謂尚玷
散負更叨善地投畀魑魅之野俾
全樗櫟之生臣雖至愚豈不知幸此
甚伏遇
皇帝陛下德刑並用善惡兼濟欲
使悛行而知恩是用小懲而大戒天地

能履載乃不能容之於度外父母能
未育之而不能生於死中伏惟此恩何
以為報惟當蔬食没齒杜門思愆深
悔積年之非永為多士之戒貪戀
聖世不敢殺身庶幾餘生不為奔物若
獲盡力於鞭箠之下不將指麾於矢石之
間指天誓心有死無易 臣無任瞻 天恩

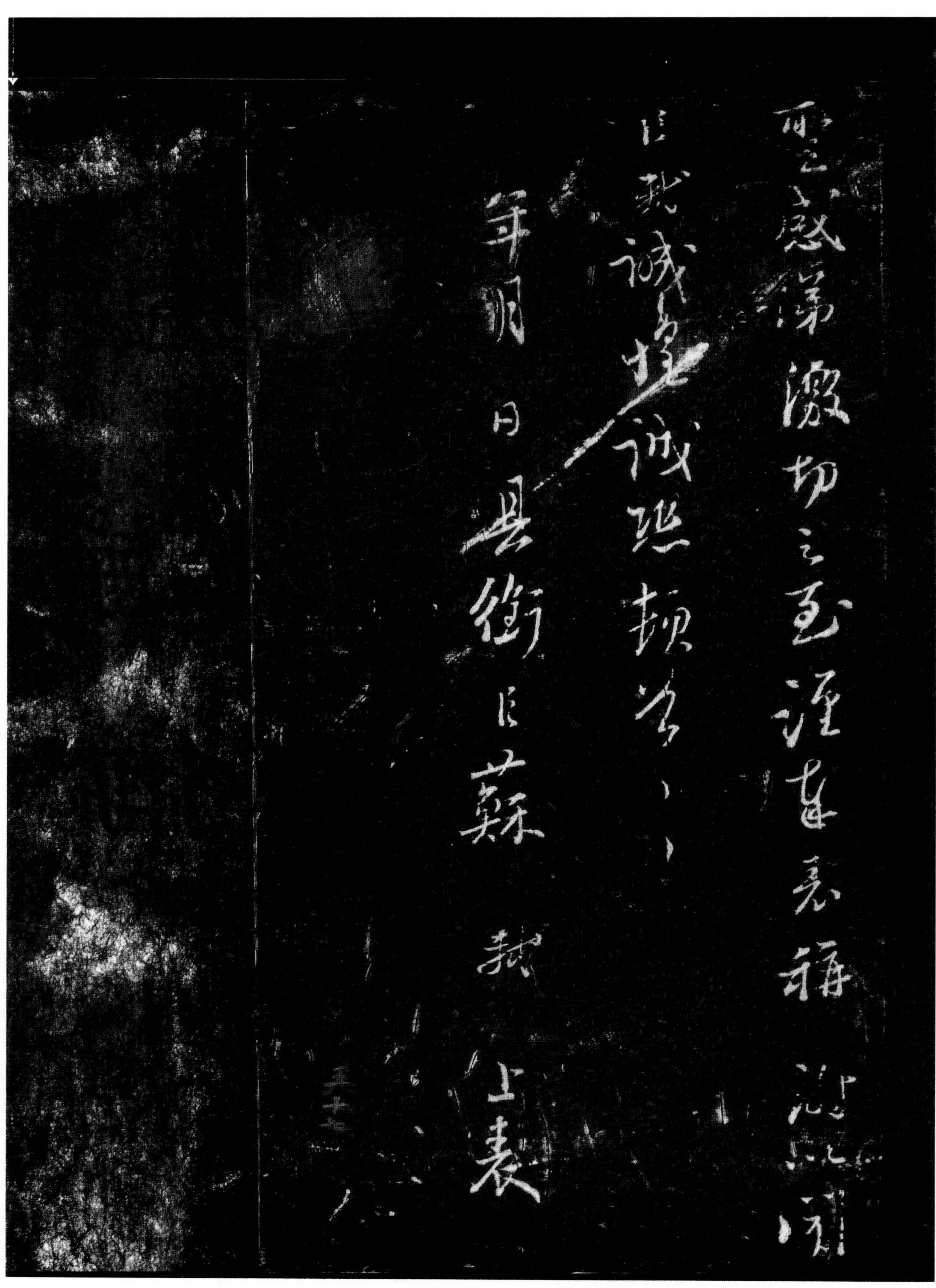

張宥于張急就海鹹河淡
鱗羽翔龍沸火帝鳥官人
皇始制文字乃服衣遐邇
壹體四漢彼澄豐楷已長
尺璧非寶寸陰是競學篇

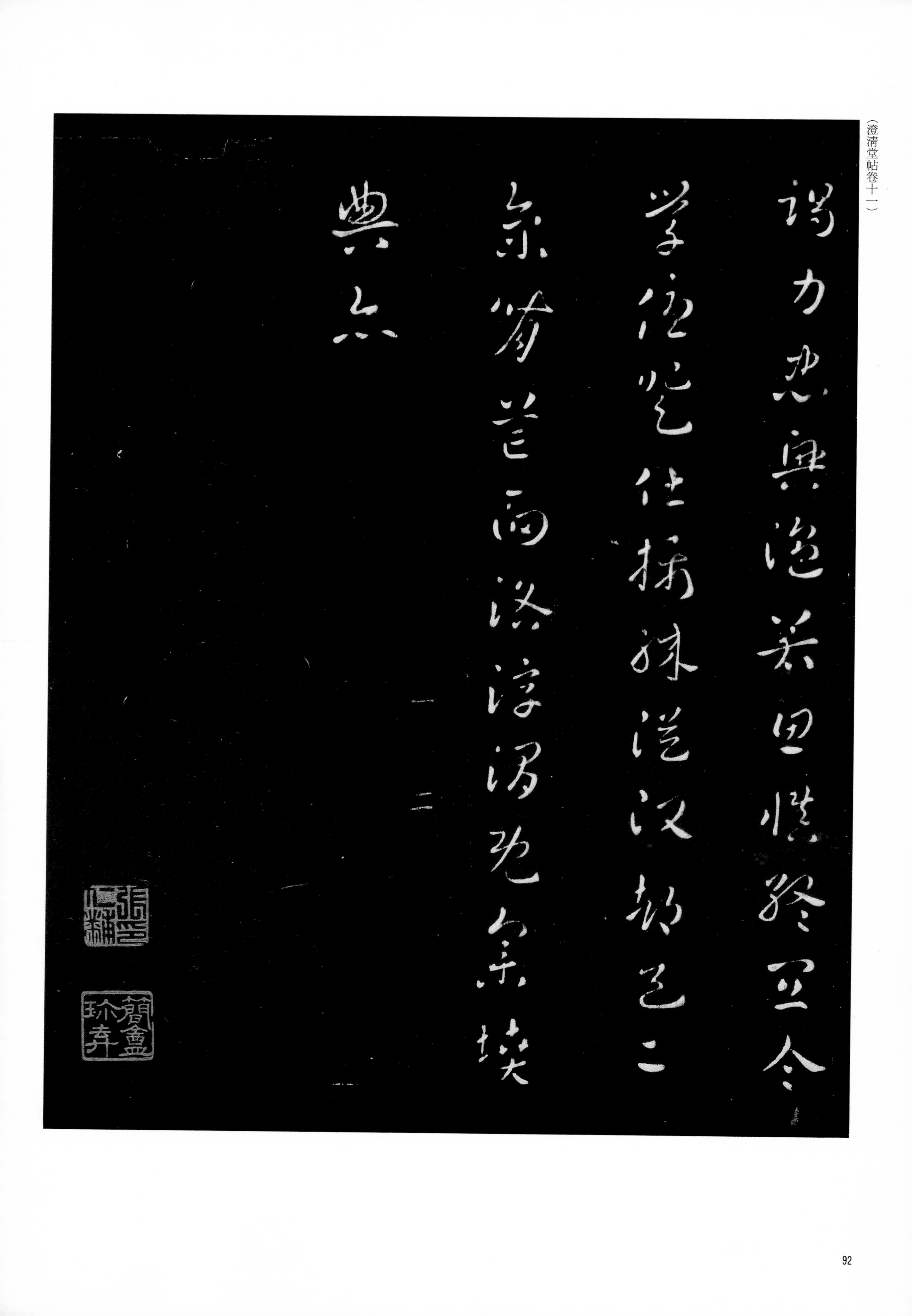

頃歲嘗得刻本寧復有此流
動之勢識其人於圖畫閒要
豈若靚面之爲真也張栻書

陳騤葉翥劉焞同
觀乾道庚寅六月廿日

乾道庚寅秋七月八
日吳興陶定觀
蕭照隣季元翁
章仲厚乾道庚
寅季冬十一日同

觀

樓鑰敬觀

右急就章一卷　先大父文簡公得之於

三衢樵隱王先生平仲其傳授源流具

載跋尾[illegible]度[illegible]

嘗承平時石林葉公嘗刊于潁昌郡齋
紹興中又有以潁昌本復刊于三衢者
考其點畫無復有此飛動氣象矣煓挈
來東淮攜此卷自隨因刻諸石又得今
軍器監謝公愈修所書釋文併刻于後以
昭好事者距大父跋後八十年當淳祐
丁未仲秋十日孫煓謹識時毛公之孫佃甲
留東塾相與共董刻焉

章艸急就章世傳皇象書然紙墨尚新疑唐人善書者摹搨本也近世書瀆幾廢誰復能爲此觀其結體遒勁筆勢奕奕若飛動然真可寶玩元祐甲戌四月十日信安山人謹記

趙子晝程俱江
褒同觀於吳興
之谿堂政咊癸
巳九月十五日

三衢程俱同
郡江褒江褒
南京趙子晝
政和乙未臘

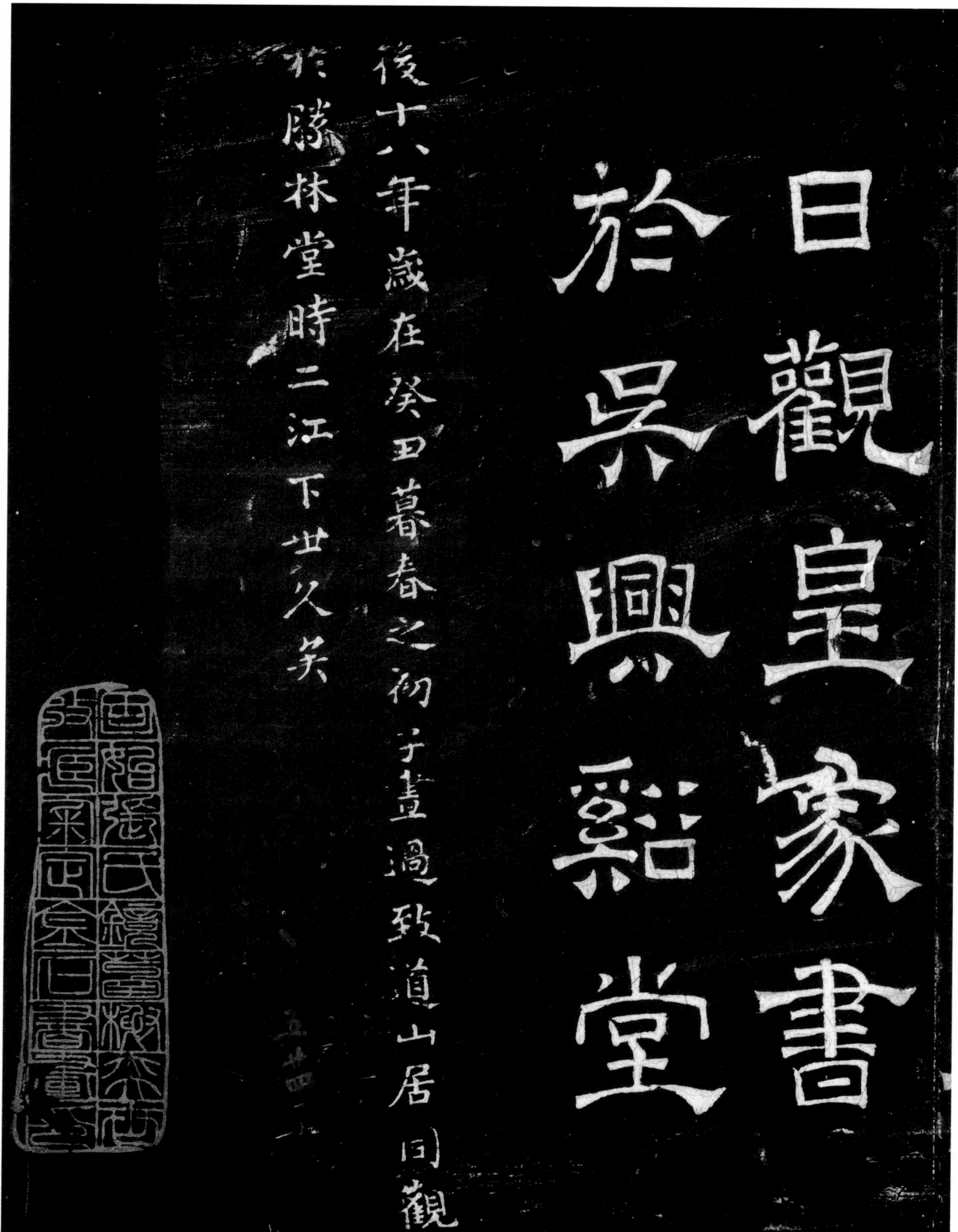
日觀皇家書
於吳興谿堂
後十八年歲在癸丑暮春之初予畫過致道山居同觀
於滕林堂時二江下廿八矣

右帖左據鄭公惟求所藏章草
急就章參得於張鄭公家後
乃其所情收紫微令人程公陸道
之父所謂信安山人者也陸道在
時甚秘愛此書既沒始出其嗜
故伯脩所取且屬後予許得於
人尤延之睹右書帖甚喜乃以遺
之乾道戊子十月乙未三佺筆

黄庭經

上有黄庭下有關元前有幽闕後有命門噓吸廬外出入丹田審能行之可長存黄庭中人衣朱衣關門壯籥蓋兩扉幽闕俠之高巍巍丹田之中精氣微玉池清水上生肥靈根堅志不衰中池有士服赤朱橫下三寸神所居中外相距重閉之神廬之中務脩治玄膺氣管受精符急固子精以自持宅中有士常衣絳子能見之可不病橫理長尺約其上子能守之可無恙呼吸廬間以自償保守完堅身受慶方寸之中謹蓋藏精神還歸老復壯俠以幽闕流下竟養子玉樹不可杖至道不煩不旁迕靈臺通天臨中野方寸之中至關下玉房之中神門戶既是公子教我者明堂四達法海員真人子丹當我前

三關之間精氣深子欲不死修崑崙絳宮重樓十二級
宮室之中五采集赤神之子中池立下有長城玄谷邑長
生要妙房中急棄捐淫俗專子精寸田尺宅可治生繫
子長流心安寧觀志流神三奇靈閑暇無事修太平
常存玉房視明達時念大倉不飢渴役使六丁神女
謁閉子精路可長活正室之中神所居洗心自治無敢
汙歷觀五藏視節度六府修治潔如素虛無自然道
之故物有自然事不煩垂拱無為心自安體虛無之居
在廉間寂莫曠然口不言恬惔無為遊德園積精香
潔玉女存作道憂柔身獨居扶養性命守虛無恬惔
無為何思慮羽翼以成正扶疏長生久視乃飛去五行
參差同根節三五合氣要本一誰與共之升日月抱珠
懷玉和子室子自有之持無失即欲不死藏金室出月

入日是吾道天七地三回相守升降五行一合九玉石落是
吾寶子自有之何不守心曉根蔕養華采服天順地
合藏精七日之奇吾連相舍崐崘之性不迷誤九源之
山何亭〻中有真人可使令蔽以紫宮丹城樓俠以日月
如明珠萬歲照〻非有期外本三陽物自來內養三神
可長生魂欲上天魄入淵還魂反魄道自然旋璣懸珠
環無端玉石戶金籥身完堅載地玄天迴乾坤象以四
時赤如丹前仰後卑各異門送以還丹與玄泉象龜引
氣致靈根中有真人巾金巾負甲持符開七門此非枝
葉實是根晝夜思之可長存仙人道士非可神積精所
致和專仁人皆食穀與五味獨食太和陰陽氣故能不
死天相既心爲國主五藏王受意動靜氣得行道自守
我精神光晝日照〻夜自守渴自得飲飢自飽經歷六

[illegible]
為氣調且長羅列五藏生三光上合三焦道飲醬漿我
神魂魄在中央隨鼻上下知肥香立於懸膺通神明
伏於老門候天道近在於身還自守精神上下開分
理通利天地長生草七孔已通不知老還坐陰陽門
候陰陽下于嚨喉通神明過華蓋下清且涼立於
堂臨丹田將使諸神開命門通利天道至靈根陰陽
列布如流星肺之為氣三焦起上服伏天門候故道關
離天地存童子調利精華調髮齒顏色潤澤不復白
下于嚨喉何落落諸神皆會相求索下有絳宮紫華
色隱在華蓋通六合專守諸神相呼觀我諸神辟
除耶其成還歸與大家至於胃管通虛無閉塞命門
如玉都壽專萬歲將有餘脾中之神舍中宮上伏命

門合明堂通利六府調五行金木水火土為王日月列宿
張陰陽二神相得下王英五藏為主腎最尊伏於大陰
藏其形出入二竅合黃庭呼吸廬間見吾形强我筋骨
血脉盛恍惚不見過清靈恬惔無欲遂得生還於七
門飲大淵道我玄雍過清靈問我仙道與奇方頭載
白素距丹田沐浴華池生靈根被髮行之可長存二府
相得開命門五味皆至開善氣還常能行之可長生
永和十二年五月廿四日五山陰縣寫

五卅二

（澄清堂帖卷十一）

摩訶般若波羅蜜多心經
觀自在菩薩行深般若波羅蜜多時
照見五縕皆空度一切苦厄舍利子色
不異空空不異色色即是空空即是色
受想行識亦復如是舍利子是諸法
空相不生不滅不垢不淨不增不減是
故空中無色無受想行識無眼耳鼻
舌身意無色聲香味觸法無眼界乃
至無意識界無無明亦無無明盡乃

五 廿三

至無老死亦無老死盡無苦集滅道
無智亦無得以無所得故菩提薩埵
依般若波羅蜜多故心無罣礙無罣
礙故無有恐怖遠離顛倒夢想究
竟涅槃三世諸佛依般若波羅蜜多
故得阿耨多羅三藐三菩提故知般
若波羅蜜多是大神呪是大明呪是
無上呪是無等等呪能除一切苦真
實不虛故說般若波羅蜜多呪即
說呪曰

揭諦揭諦　波羅揭諦

波羅僧揭諦　菩提薩婆訶

元豐八年九月二十七日朝奉郎新差知登

州軍州兼管内勸農事騎都尉借緋眉

山蘇軾爲亡男幹兒寫

周祐刊

五卌

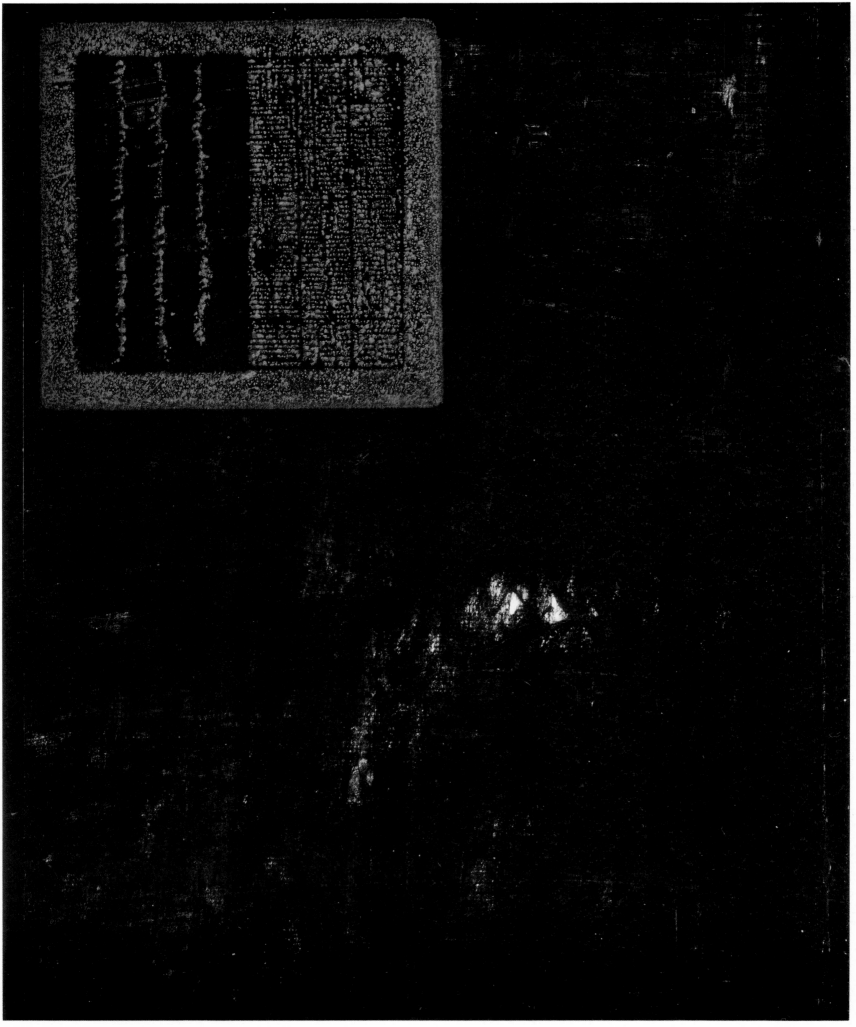

施武子選輯宋帖中右軍書刊於海陵即澄清堂前五卷
也五卷後惜無見者此第十一卷坡公四帖尤精妙惟急就及
釋文全失以淳化首一帖充補未免蛇足使董邢諸賢得見
此卷庶不至附會南唐歟 辛巳大雪後一日銅山張伯英獲觀
沈子培曰海陵今泰州宋有提舉鹽茶司司有澄清堂此急就跋中有携
來東淮語亦海陵帖一證也 刊急就者尤延之之孫名焴字稍湯 鋟全帖排比
成於一手与姑孰等刊相似 明代庫裝精雅可愛

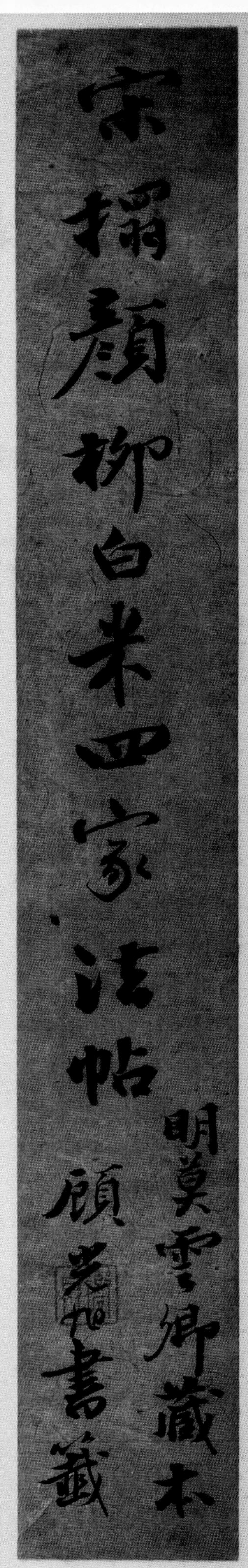
宋搨顔柳白米四家法帖
明莫雲卿藏本
頤光書籤

宋搨顏柳白米四家法帖
明莫雲卿藏本
試硯齋收

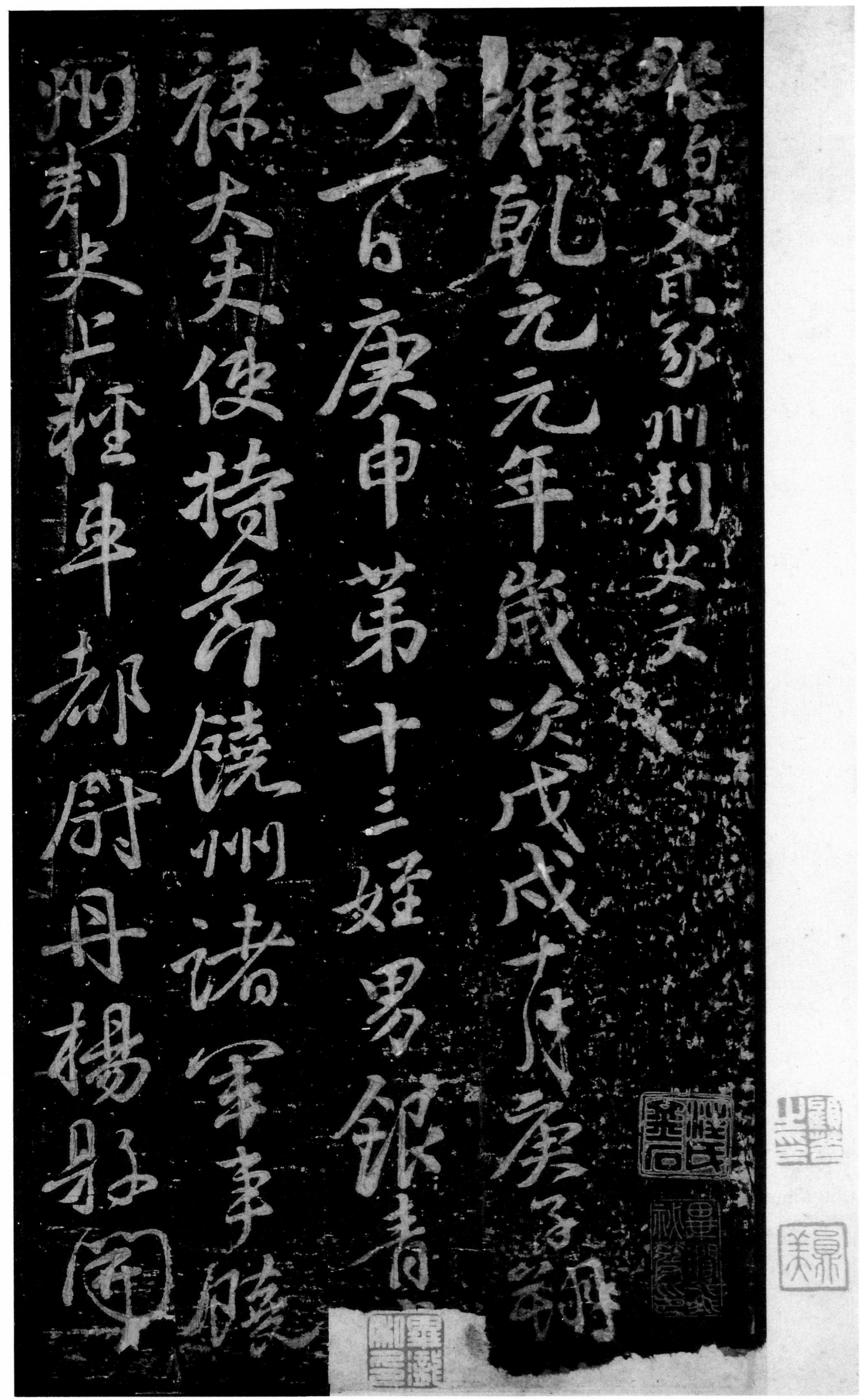

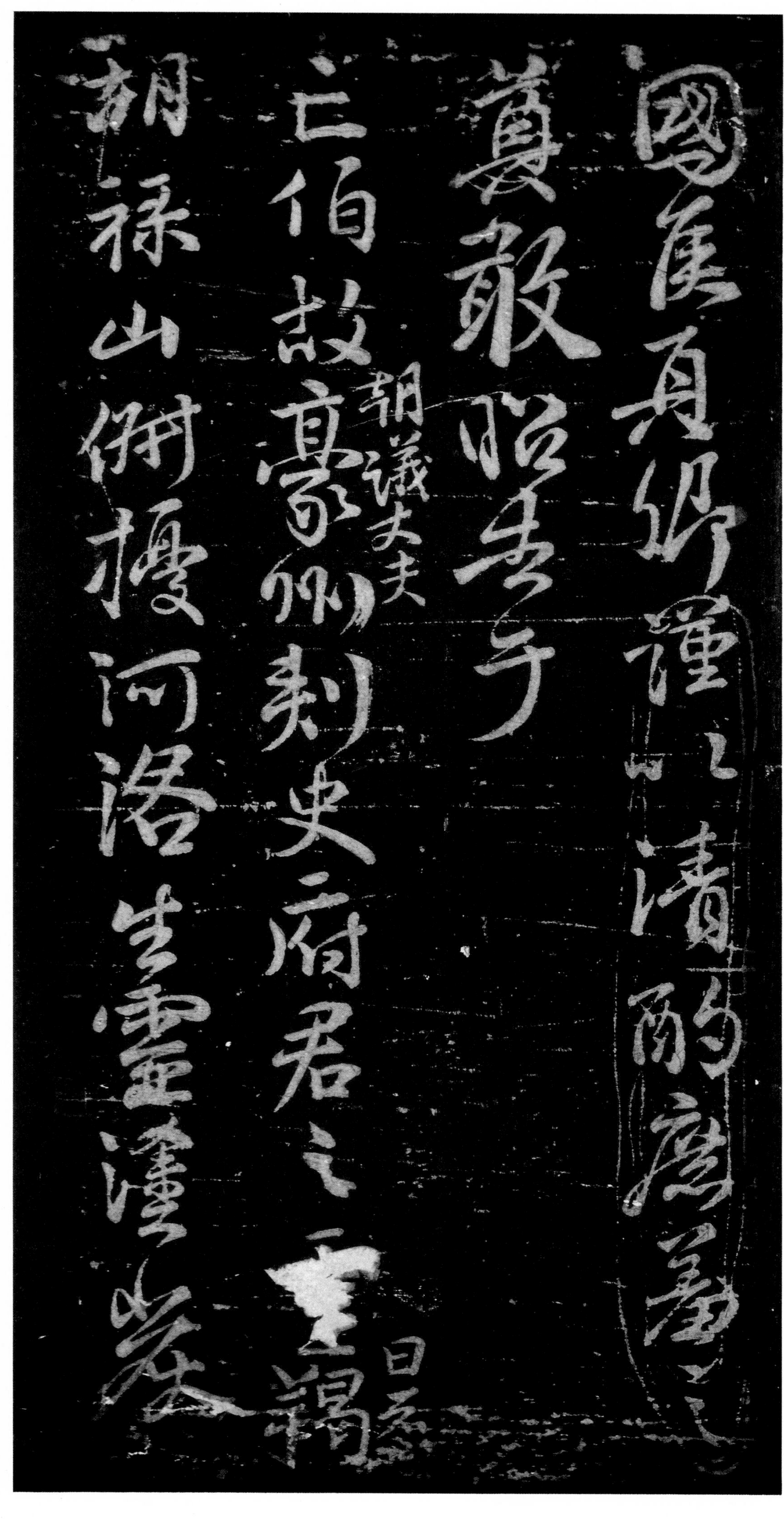
國侯真卿謹以清酌庶羞之
奠敢昭告于
亡伯故朝議大夫濠州刺史二府君之靈
朝祿山俯據河洛生靈塗炭

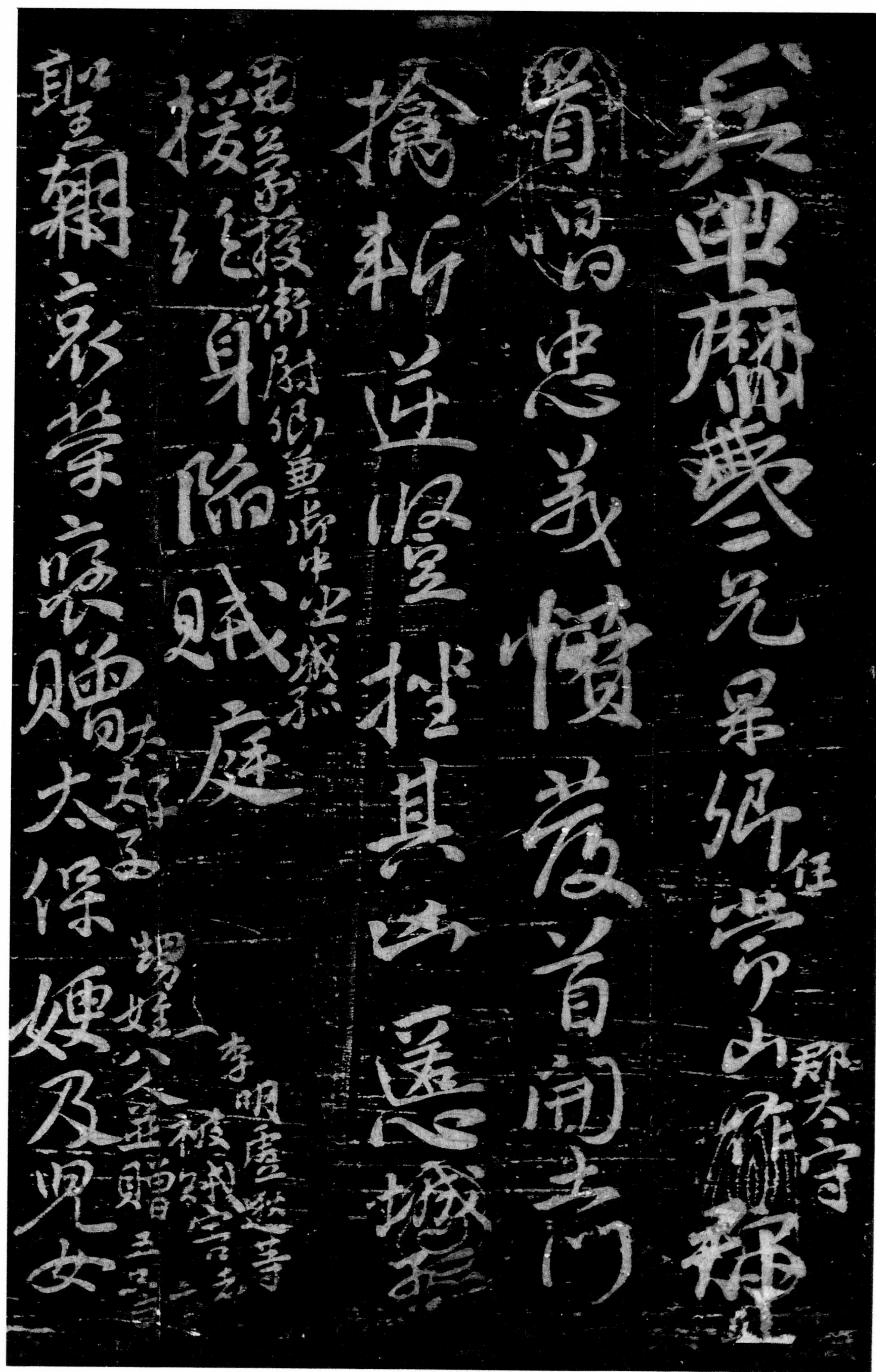

聖翱家瑩嬛贈太保嫂及兜女皆被拘囚睿眺哈宣宇宙清廓航于賊手並將歸京真卿陛平原遭罹凶逆与昆罹協徳六著徽誠

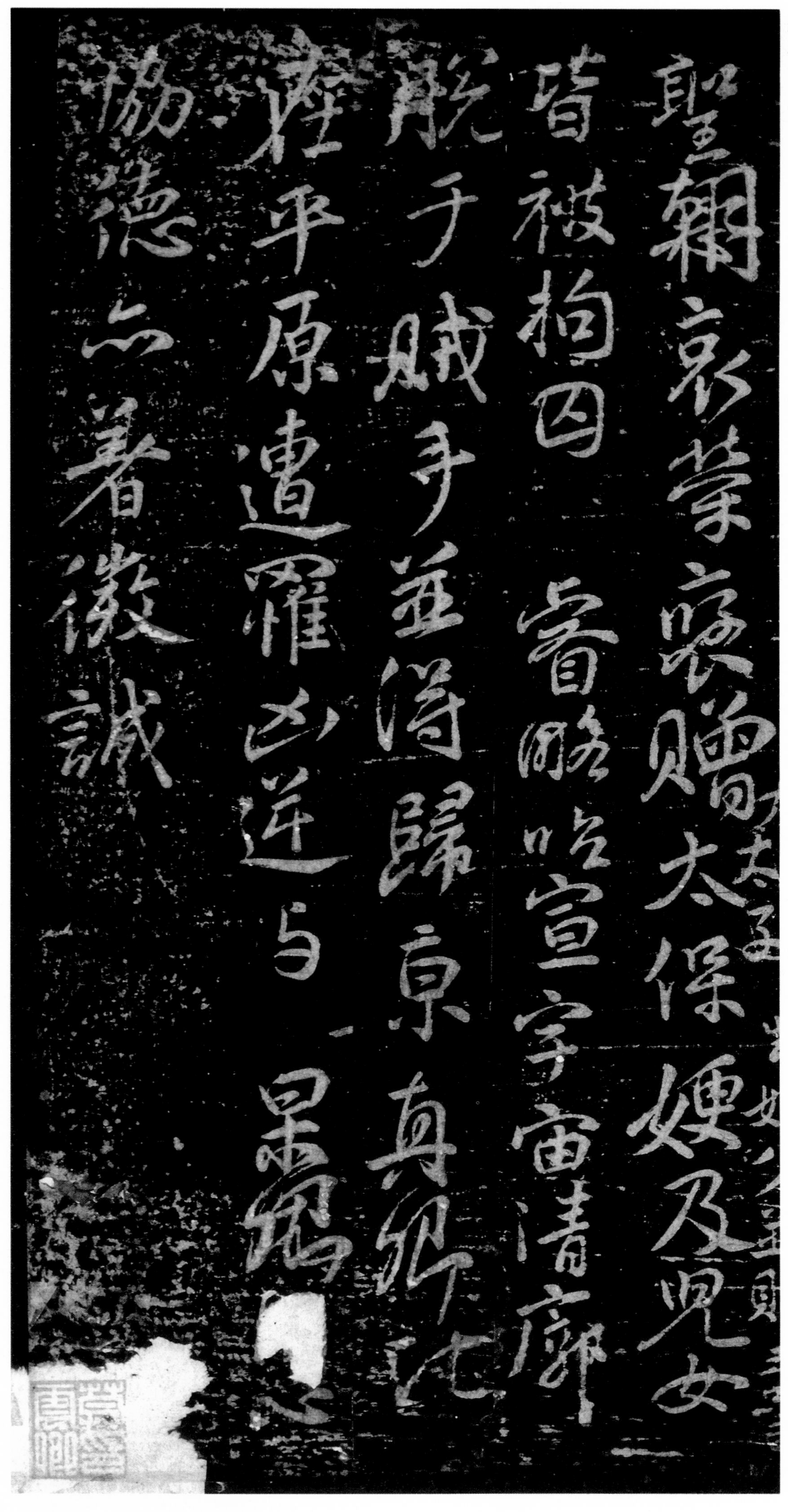

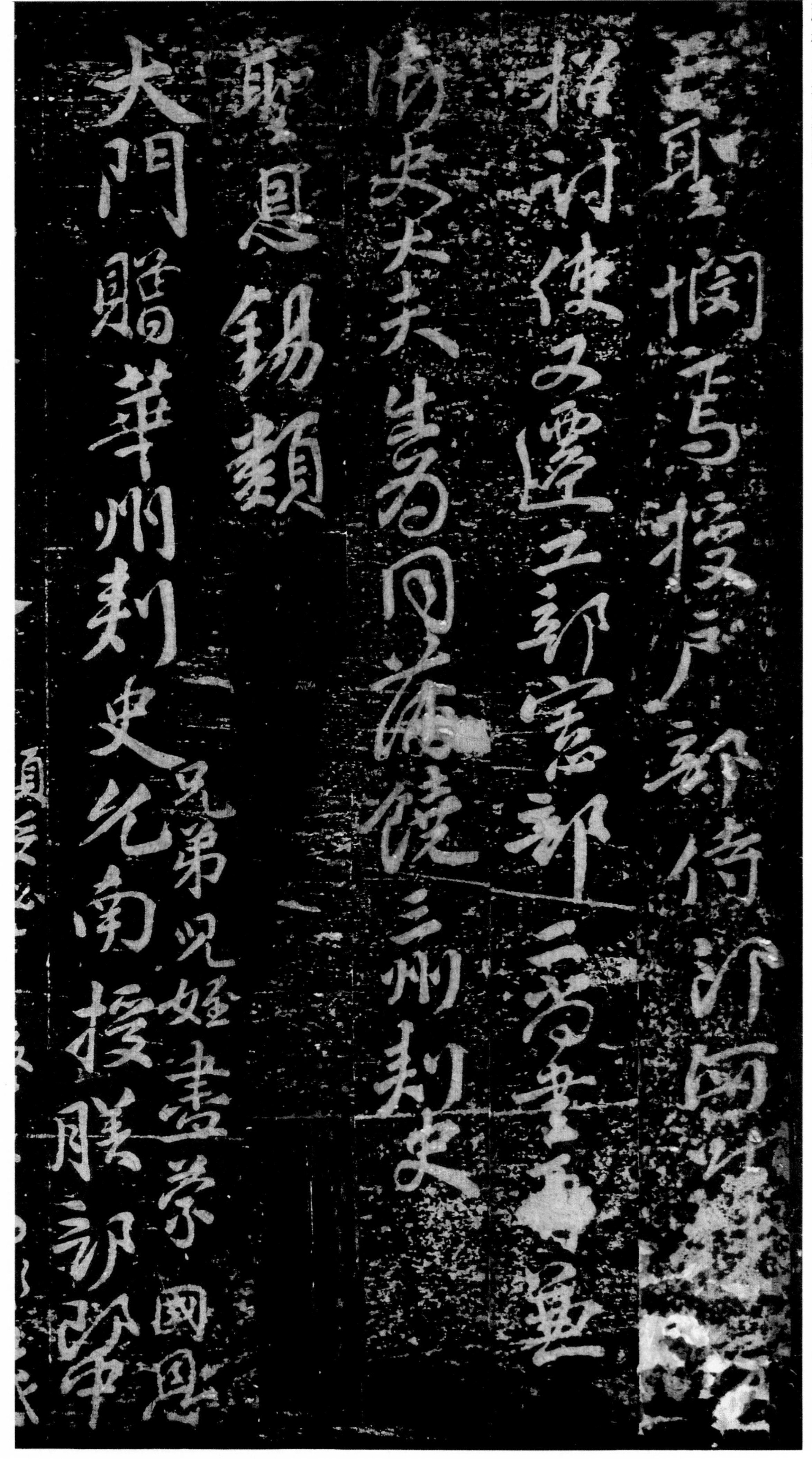

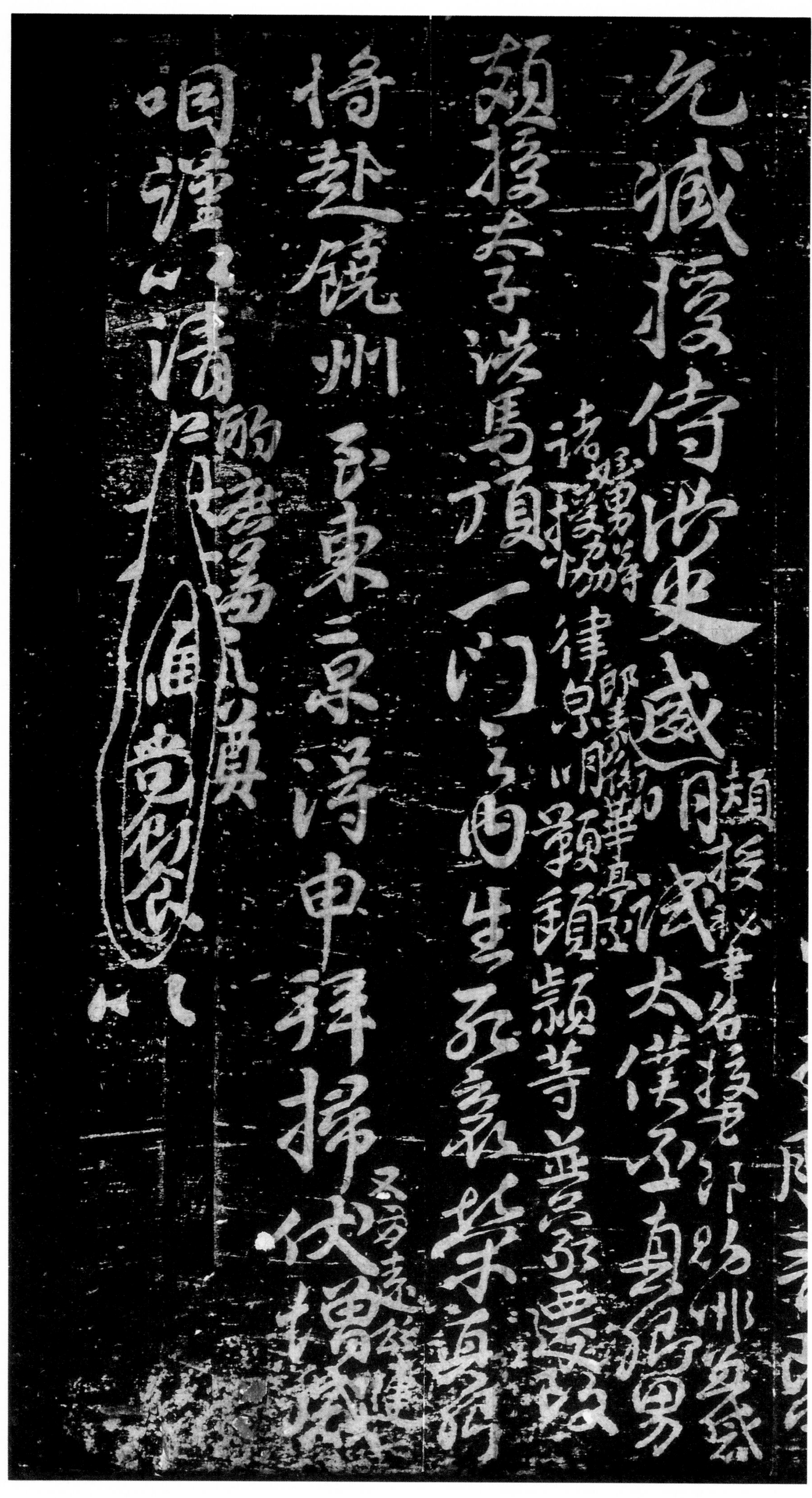

維元元年歲次戊戌九月庚

辛朝乙壬申徒顧郡銀直祿

夫使行尚書蒲州諸軍事蒲州

伯母阿商故君元氏配尚纓

蔡䟵李明文葉此魯公真跡所摹諸門帖傳雲館所刻昔人云米海嶽所臨觀此帖信然

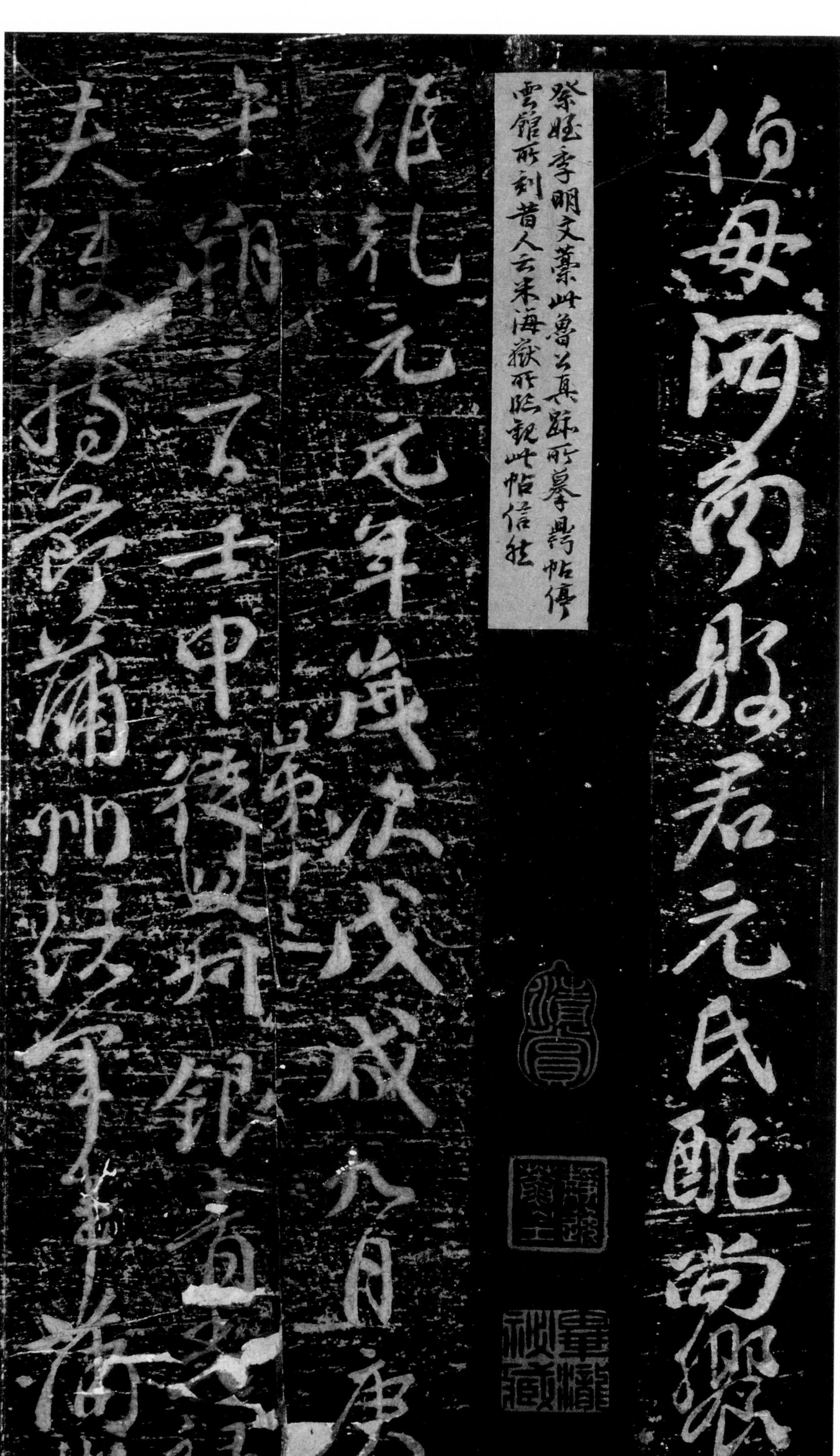

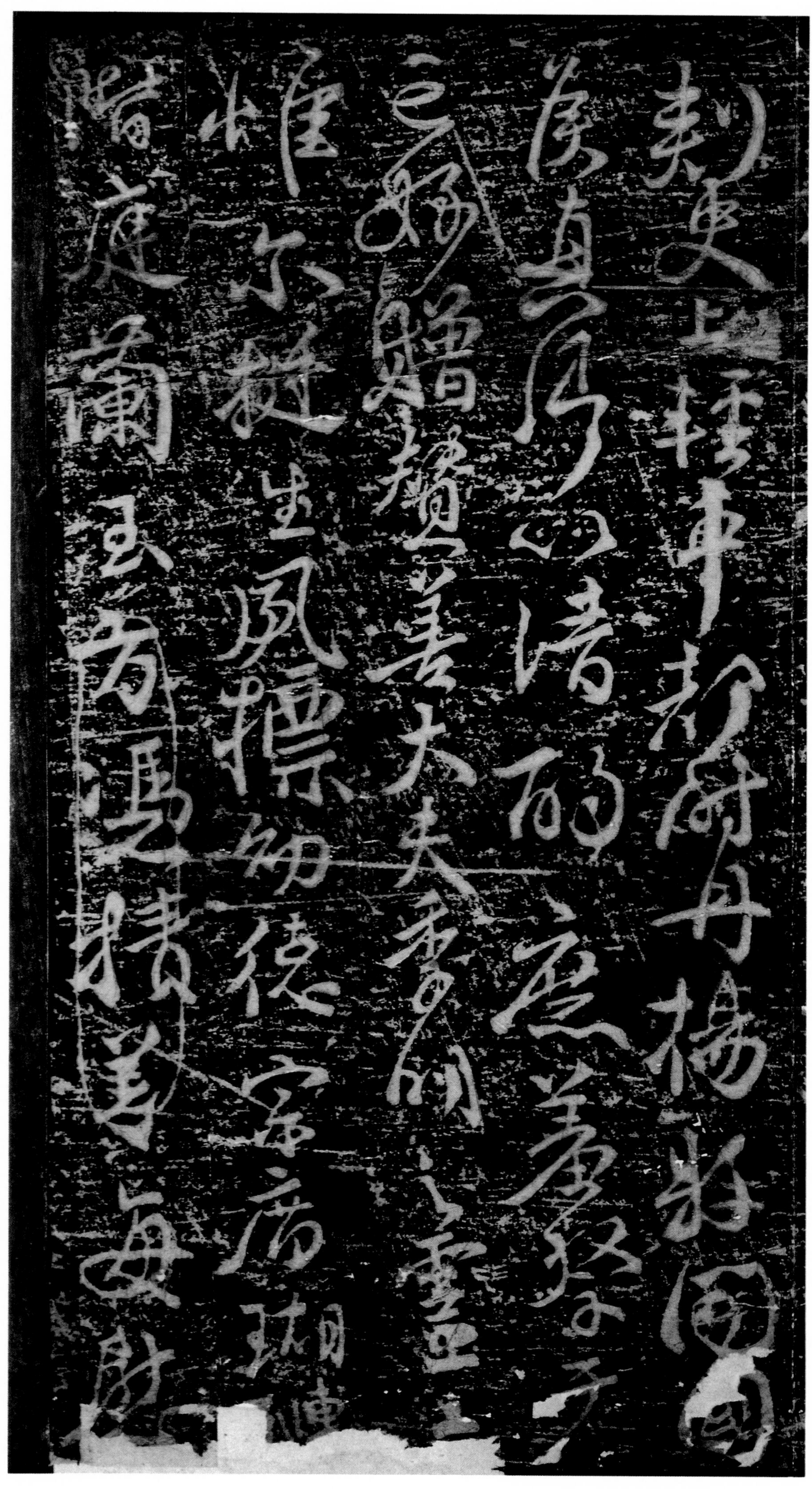

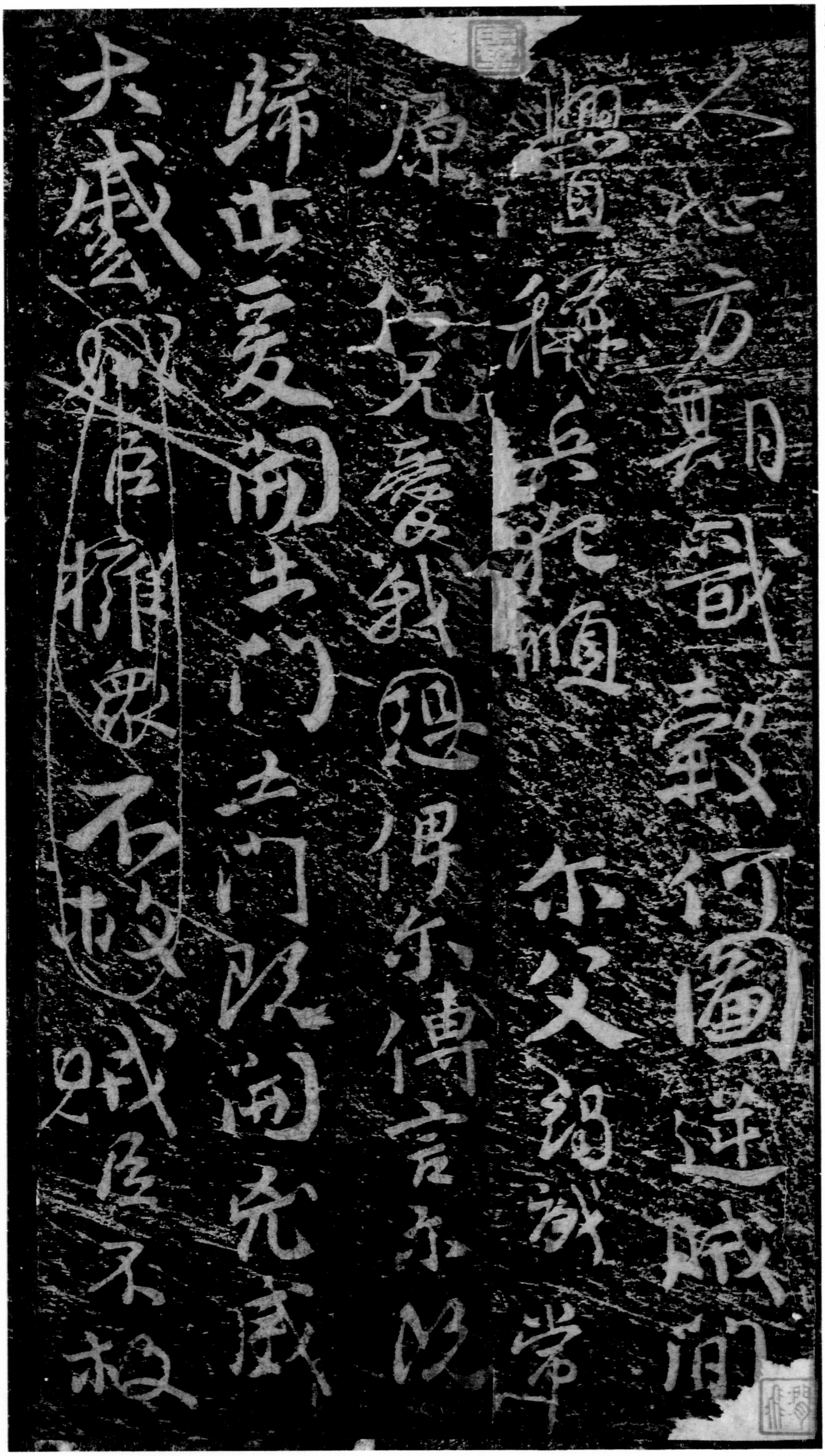

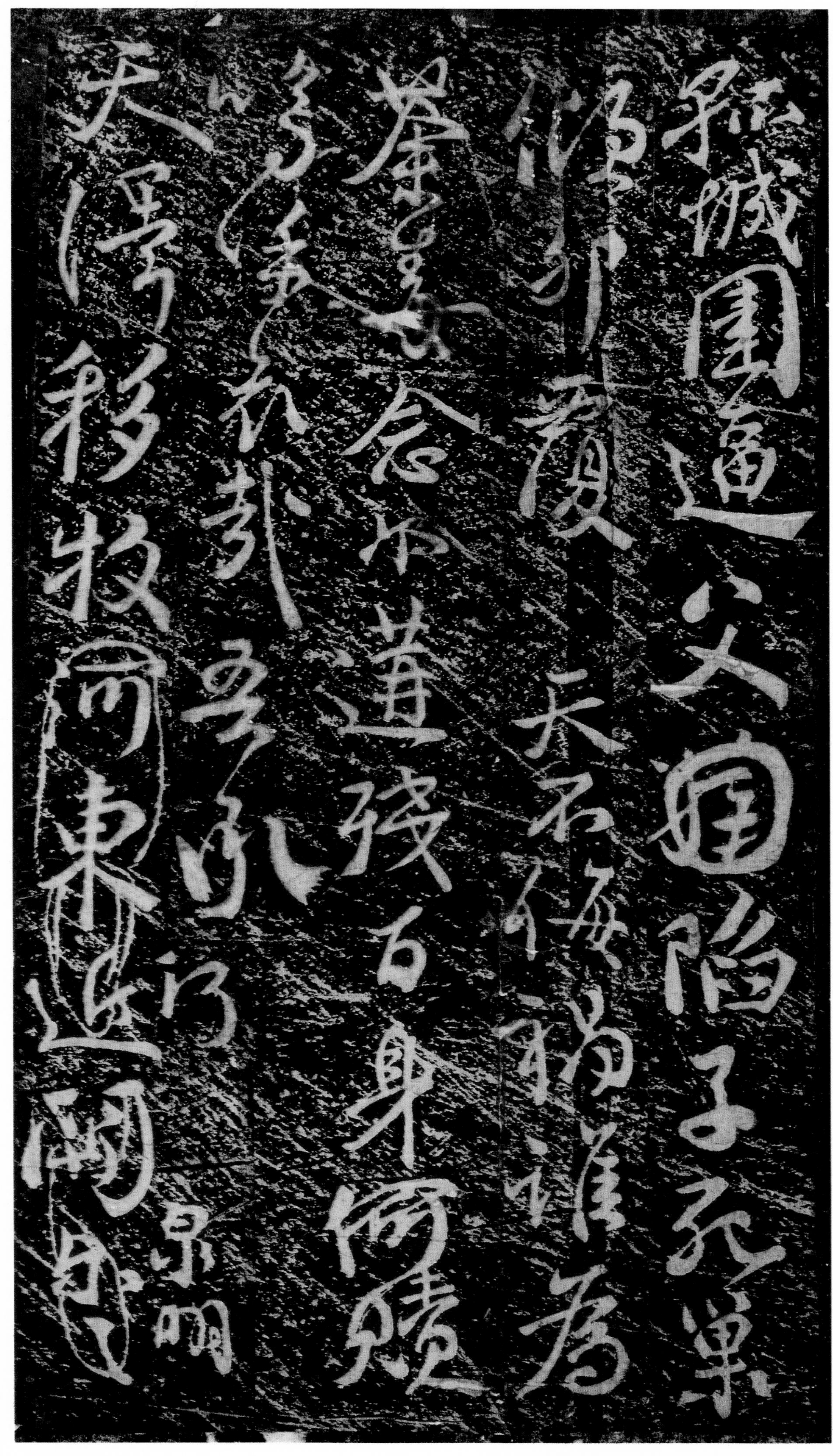

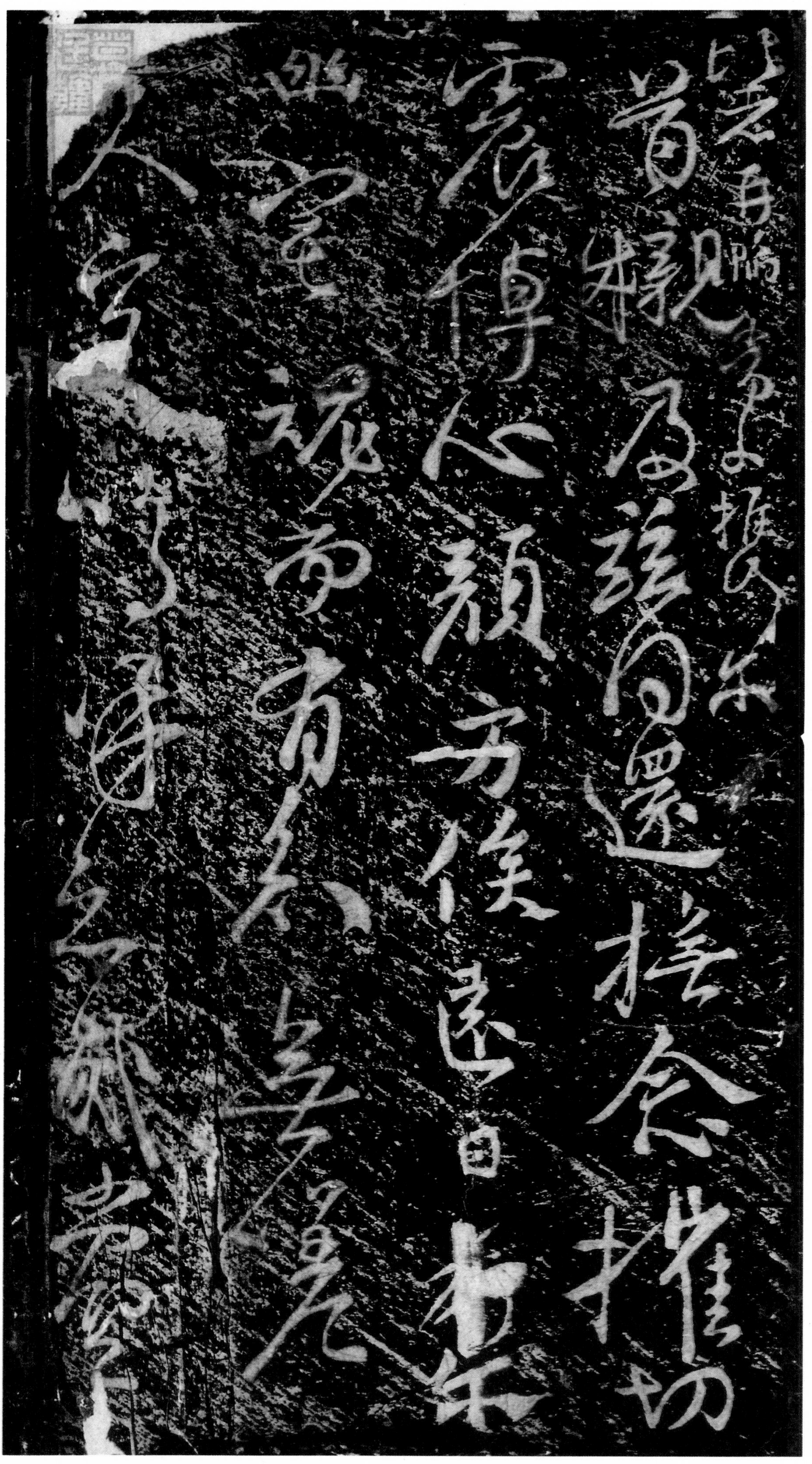

陰寒不審
太保所苦何如承湯已損
慰馳仰所捴贊猶未獲浮來
矢書細揀也病妻服藥要少處
肉乾脯有新好者望惠少許

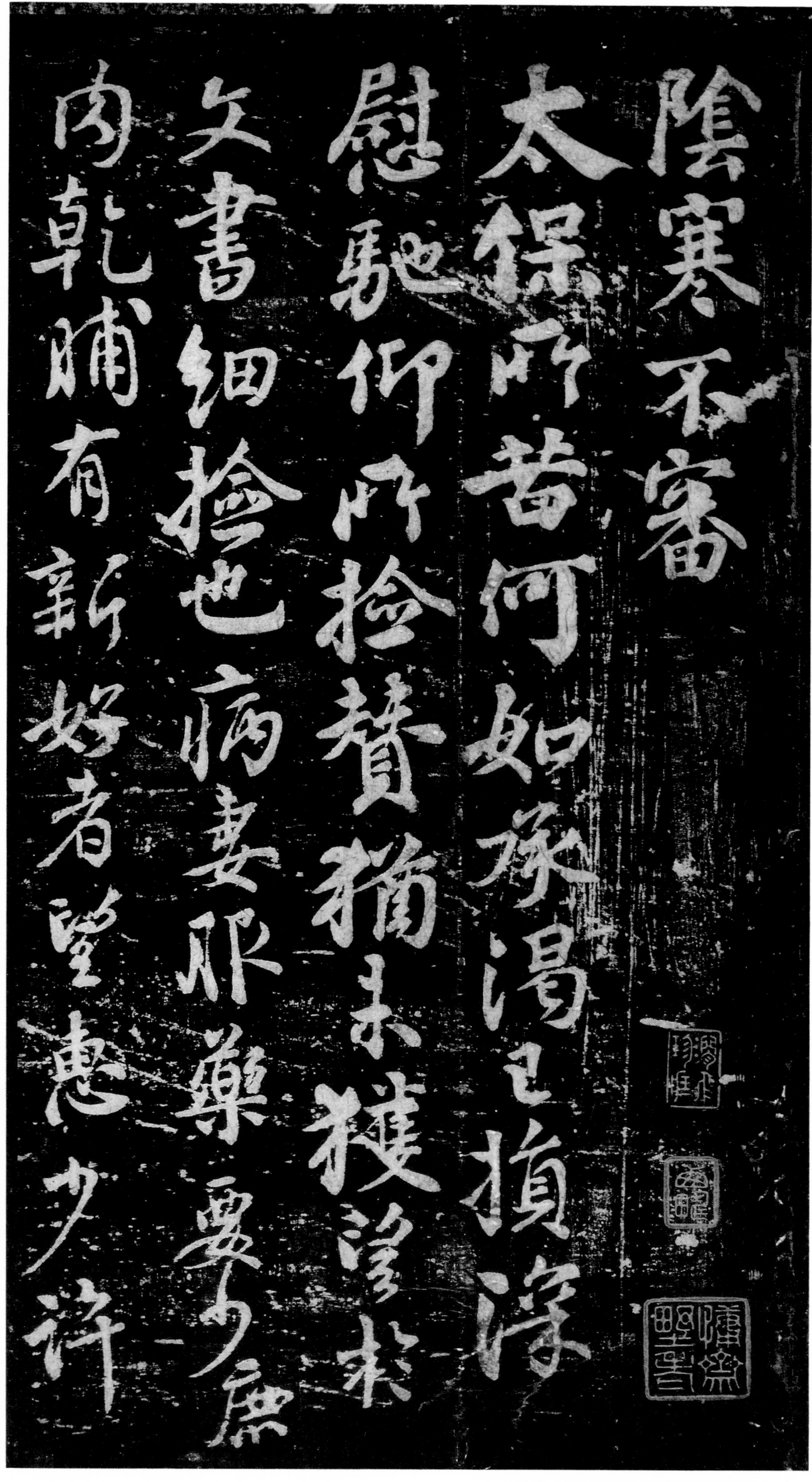

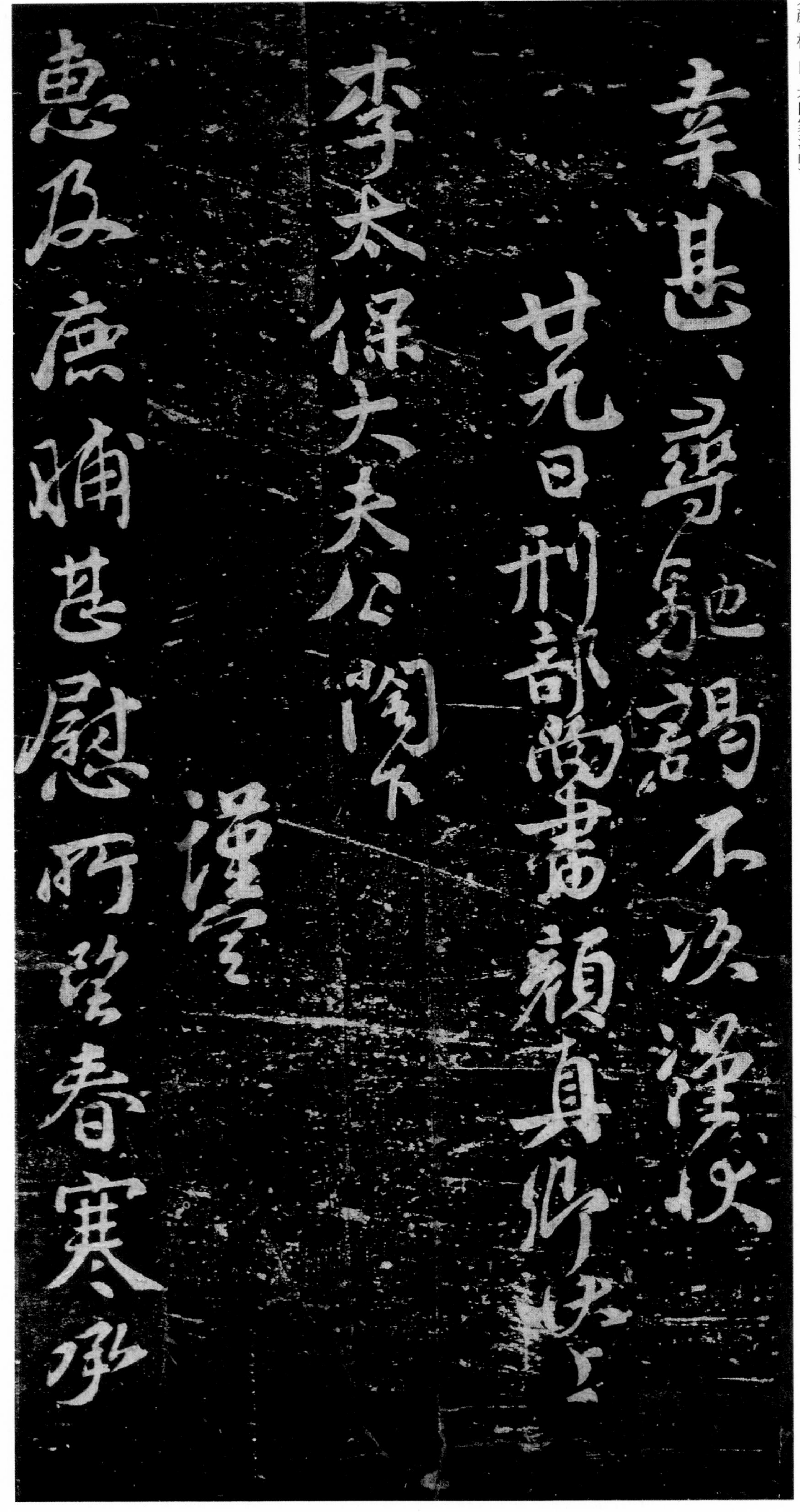

幸甚、尋馳謁不次。漢狀

廿日刑部尚書顏真卿狀上

李太保大夫公閣下

謹空

惠及庶脯甚慰所望春寒承

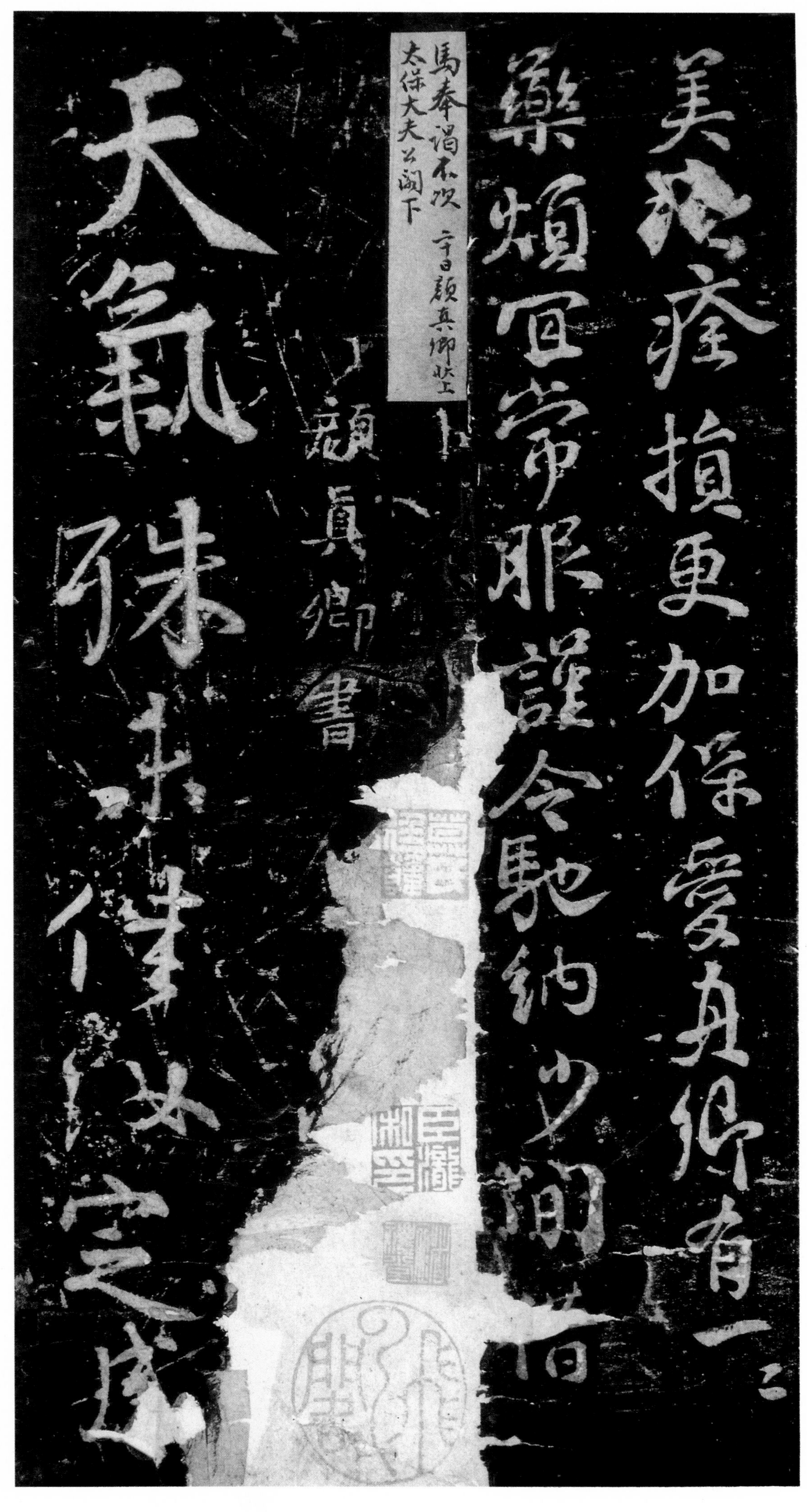
顔真卿書

行書寒食以毅日間
得自往為事功
泥甚難行將到
夫台國清僧冠書遠頗大辰合

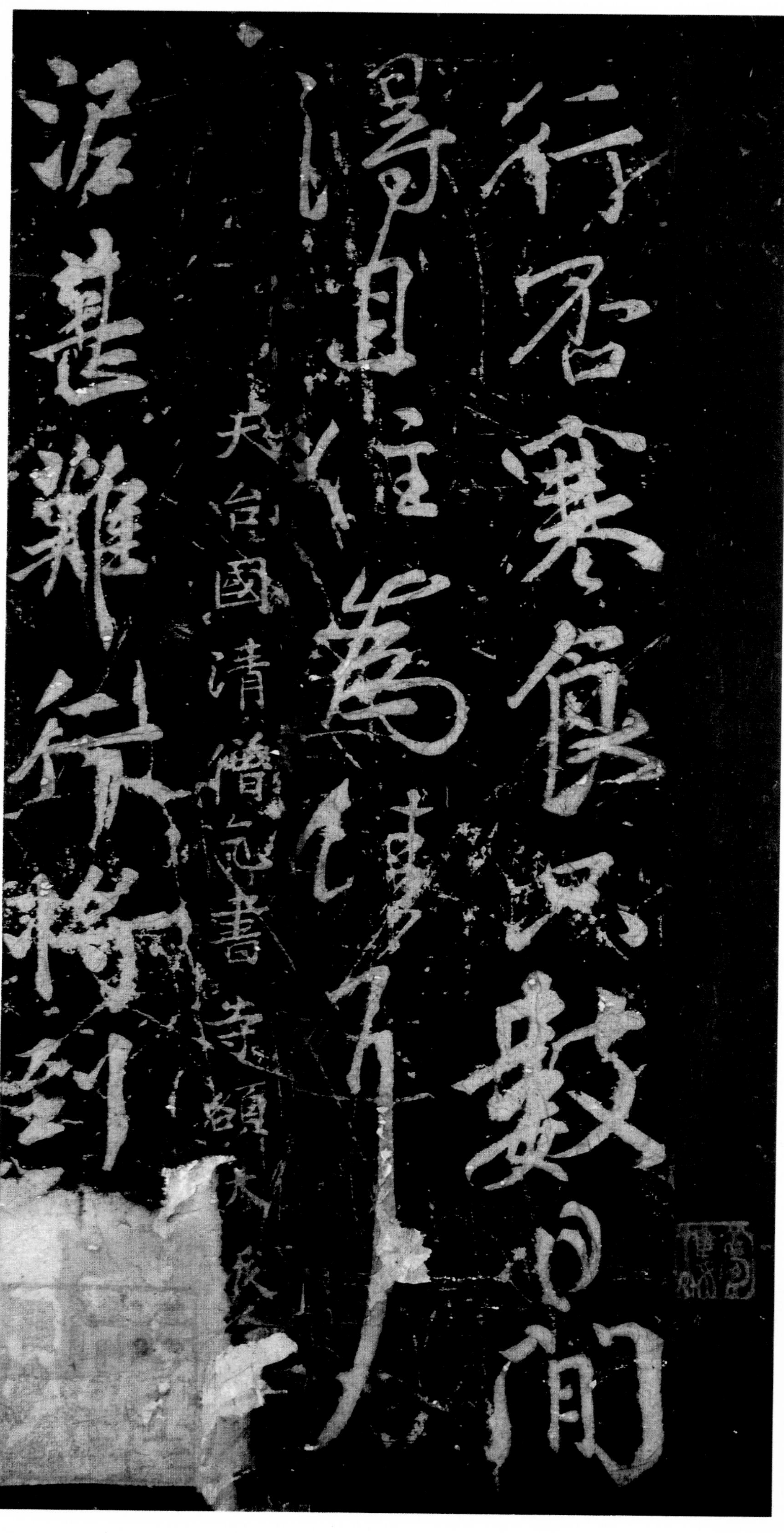

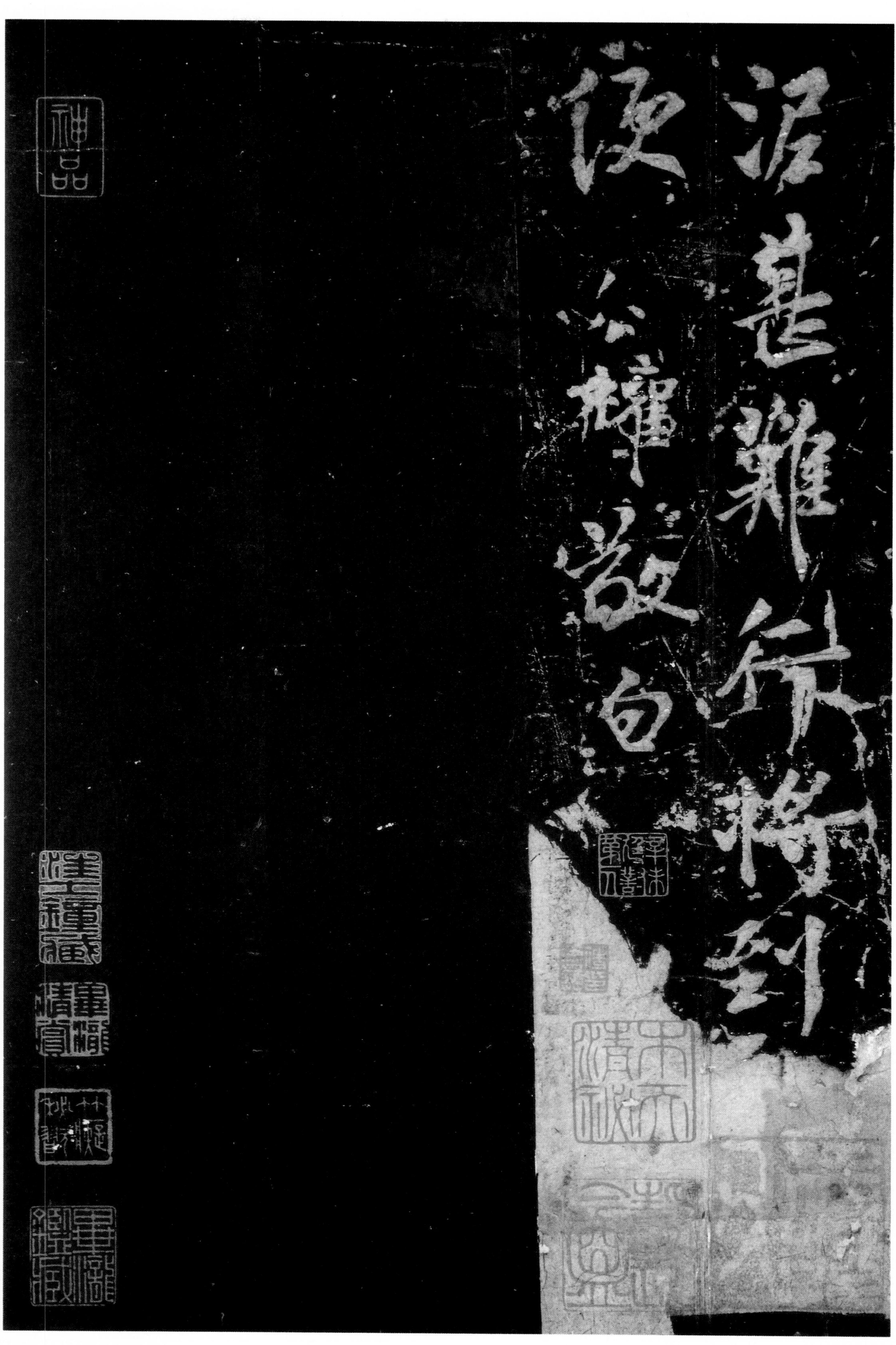

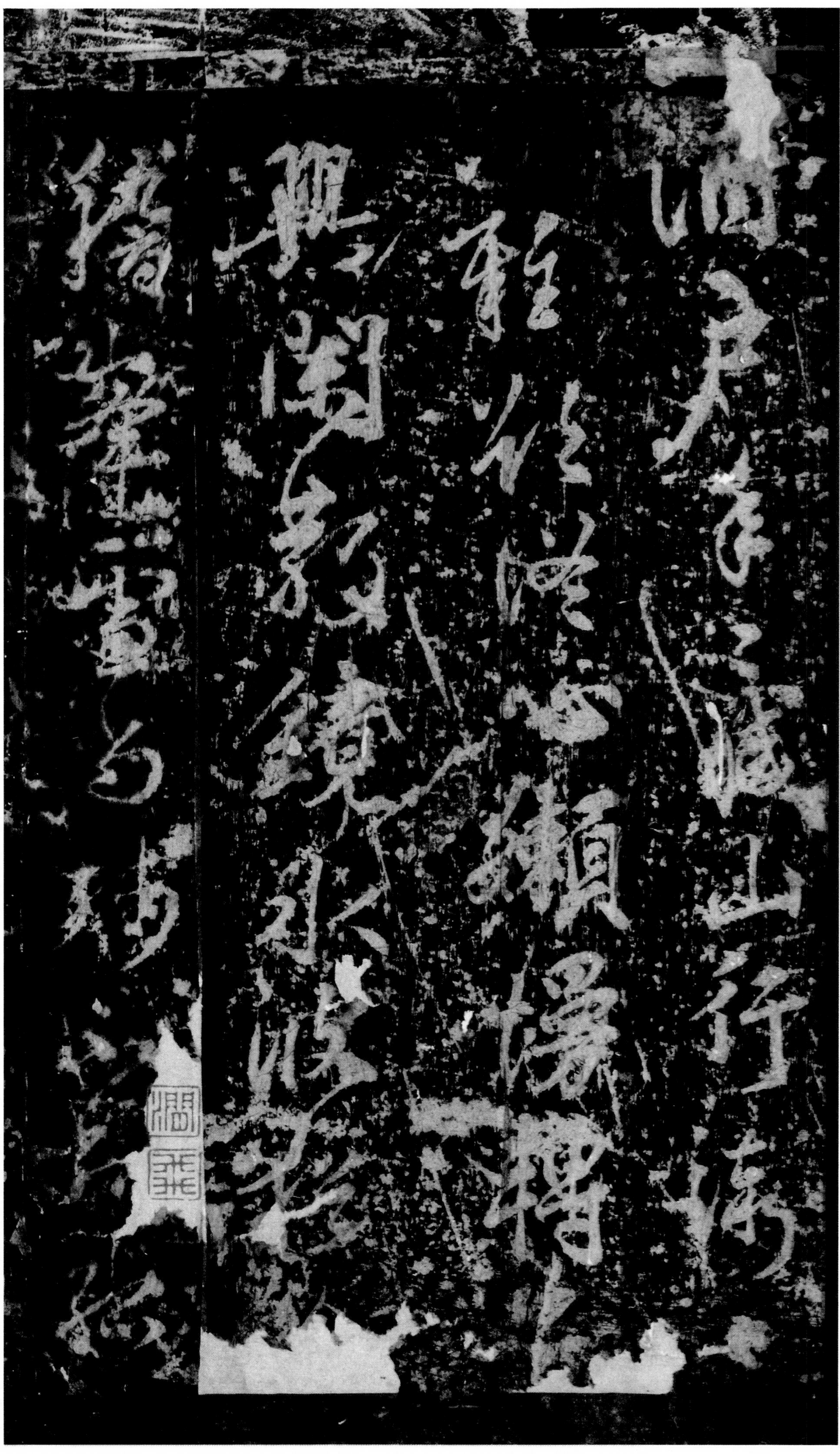

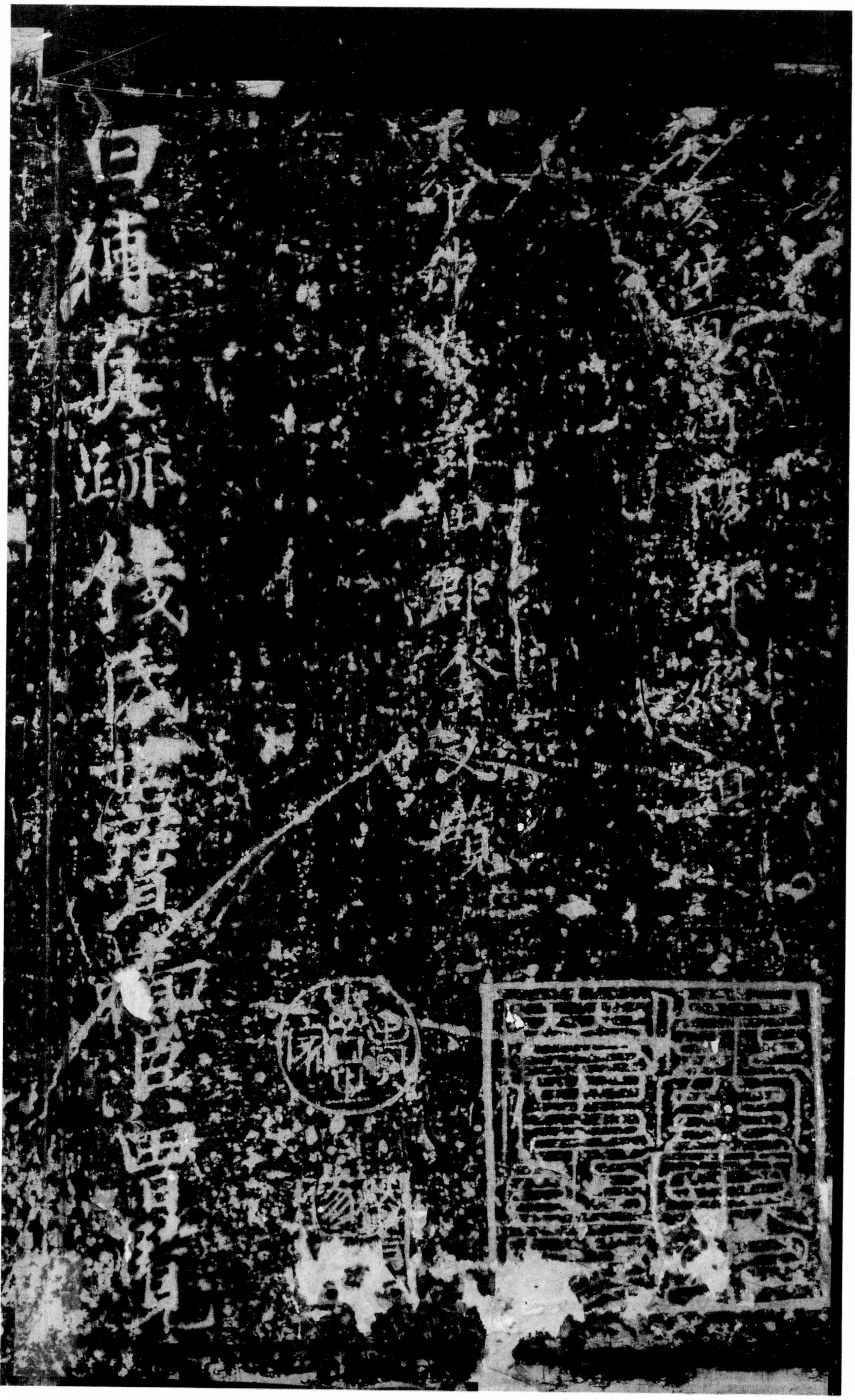

白樂天此帖是宋越州石氏二十七種內搨本
靜涵主人記

月五日告淵朗郎悚靖玄
乃孝何圖酷禍暴集中郎
蘧至遙没哀痛荼毒攢五情
陵割公自堪忍痛當奈何

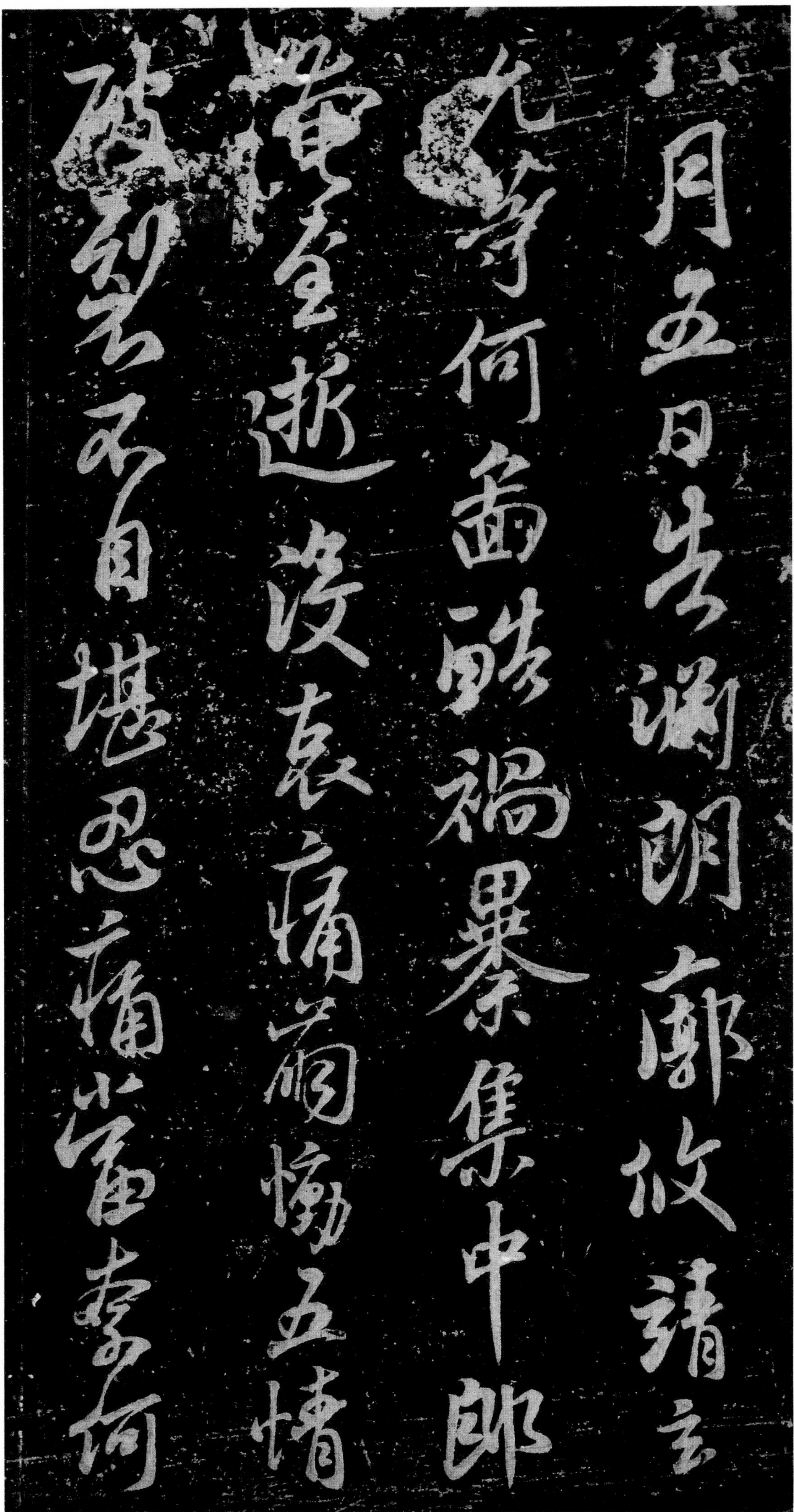

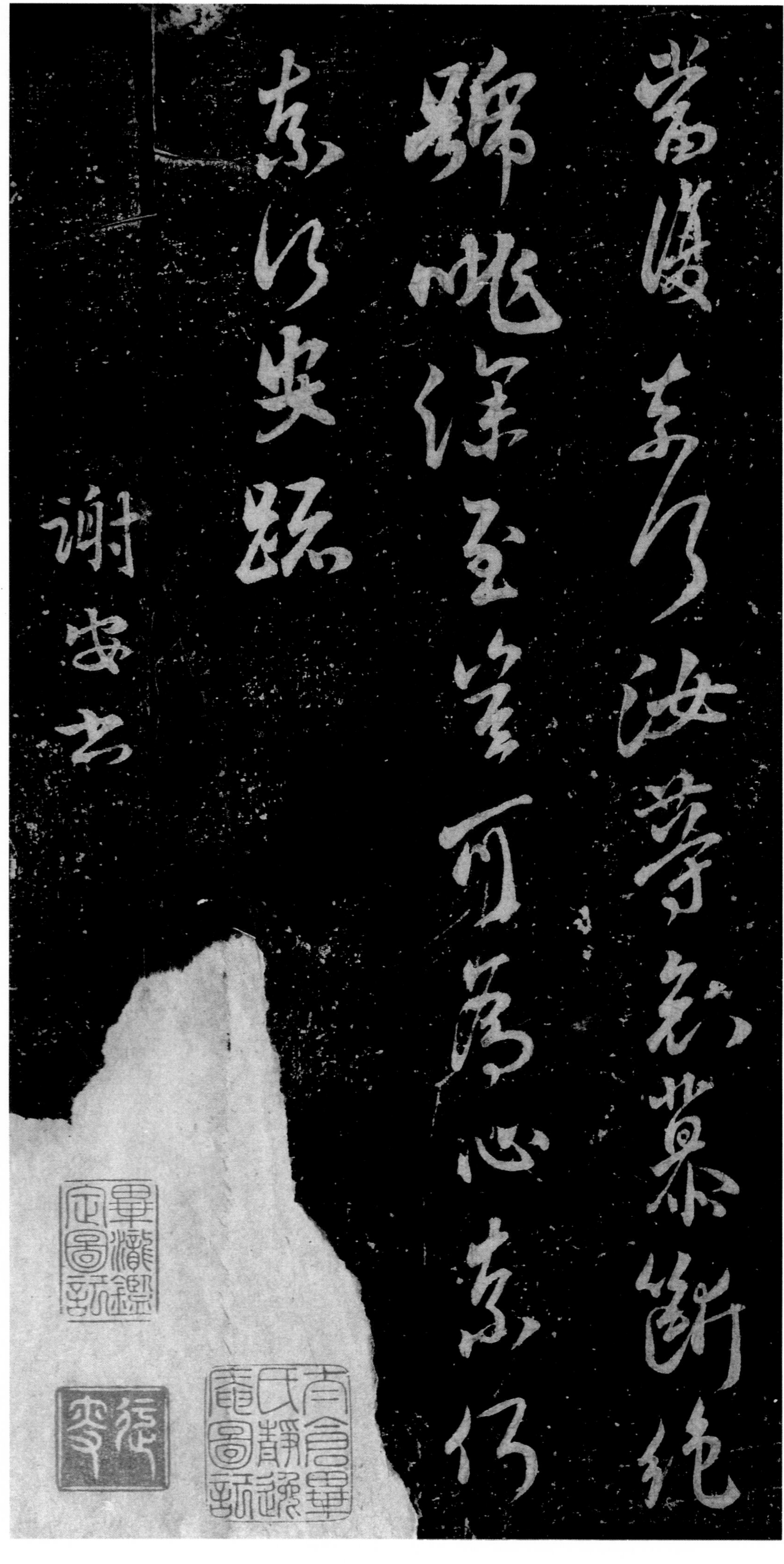

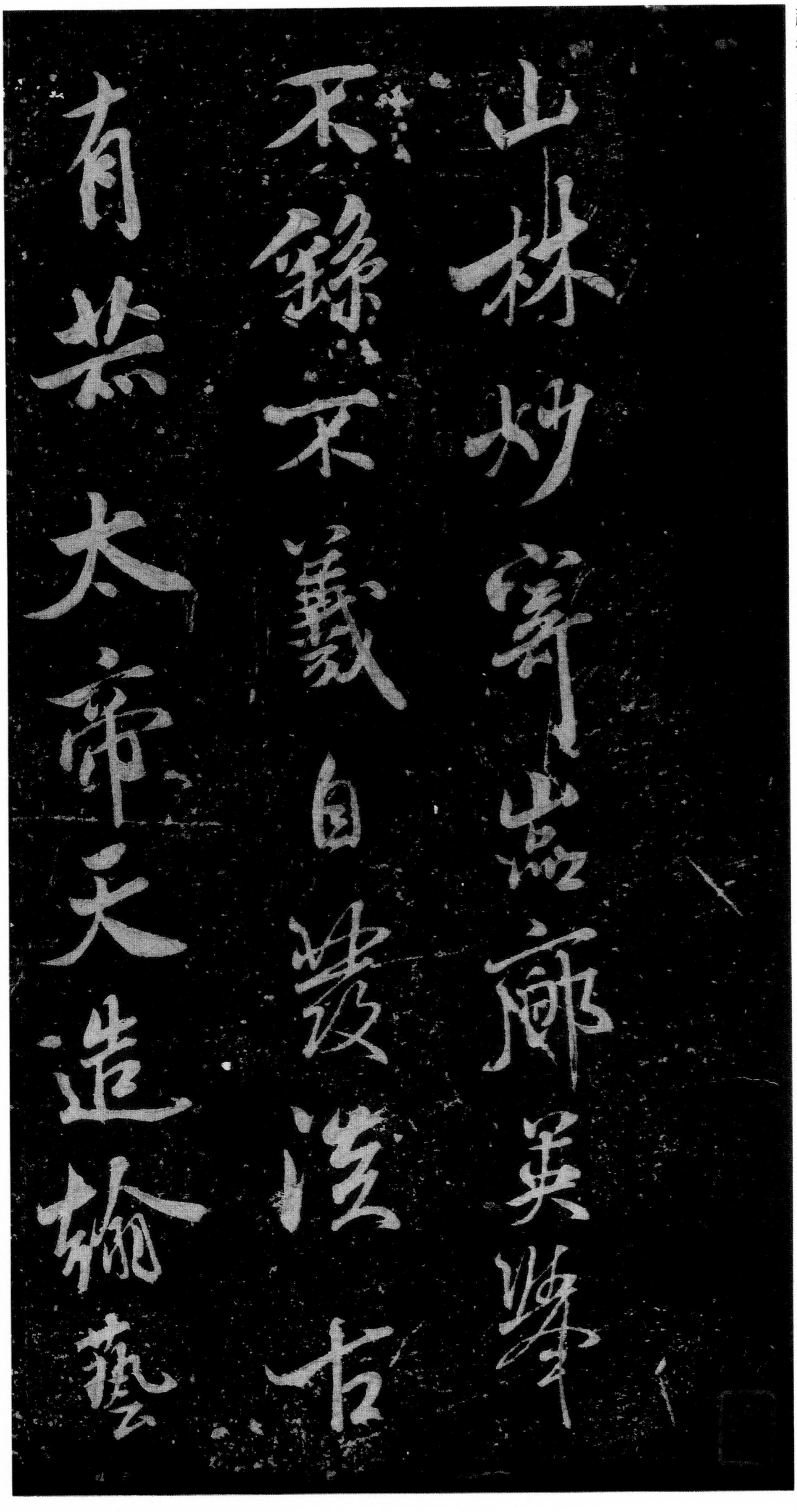

山林妙寄巖廊英發
不繇不羲自發淡古
有若太帝天造揄藝

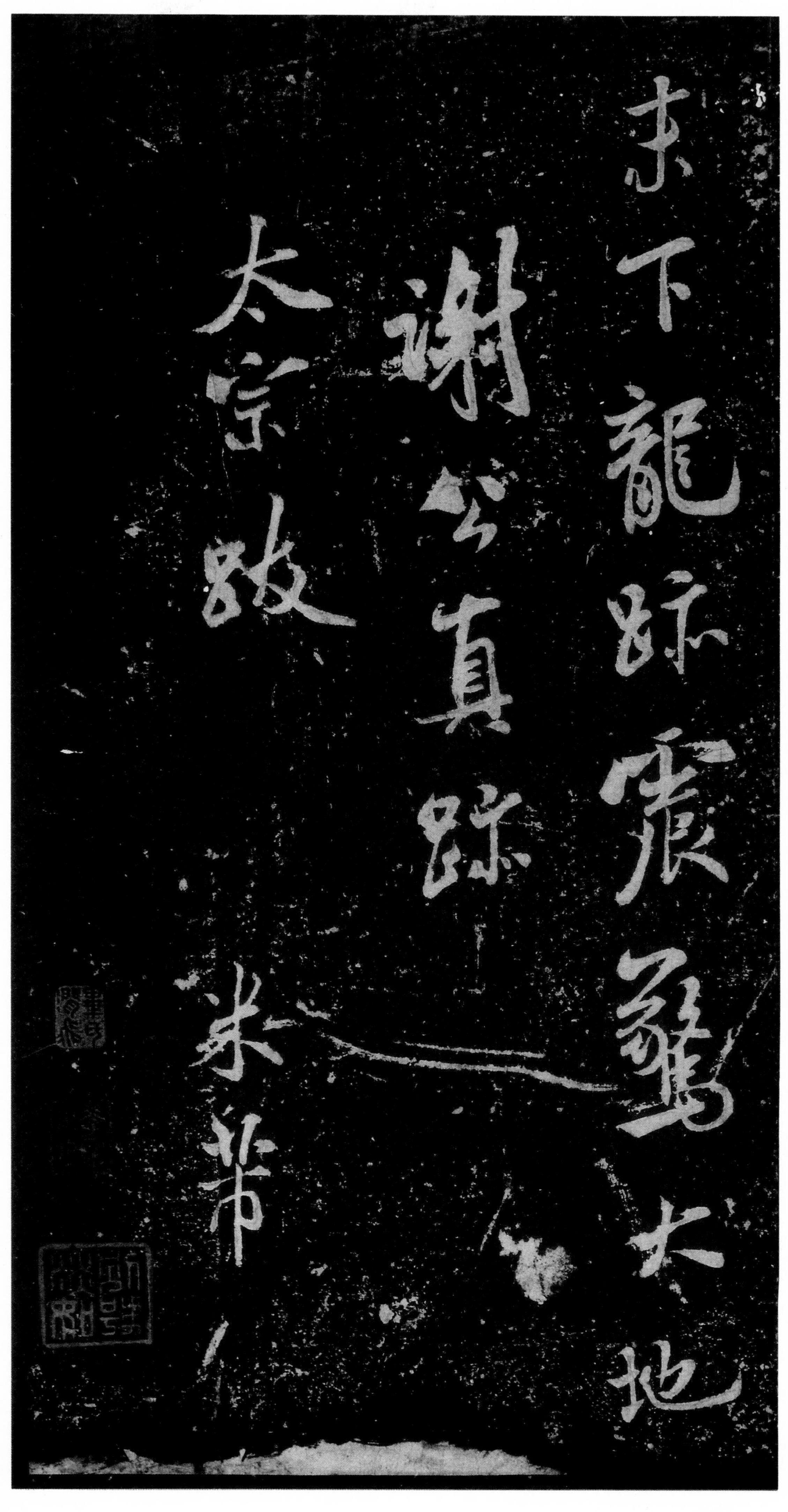
謝公真跡
太宗跋
米芾

芾頓首再拜

前日辱

甲元圖士之遇方下目

西謝蒙敬及新製氷捧

之欵仰乃知涉道君子

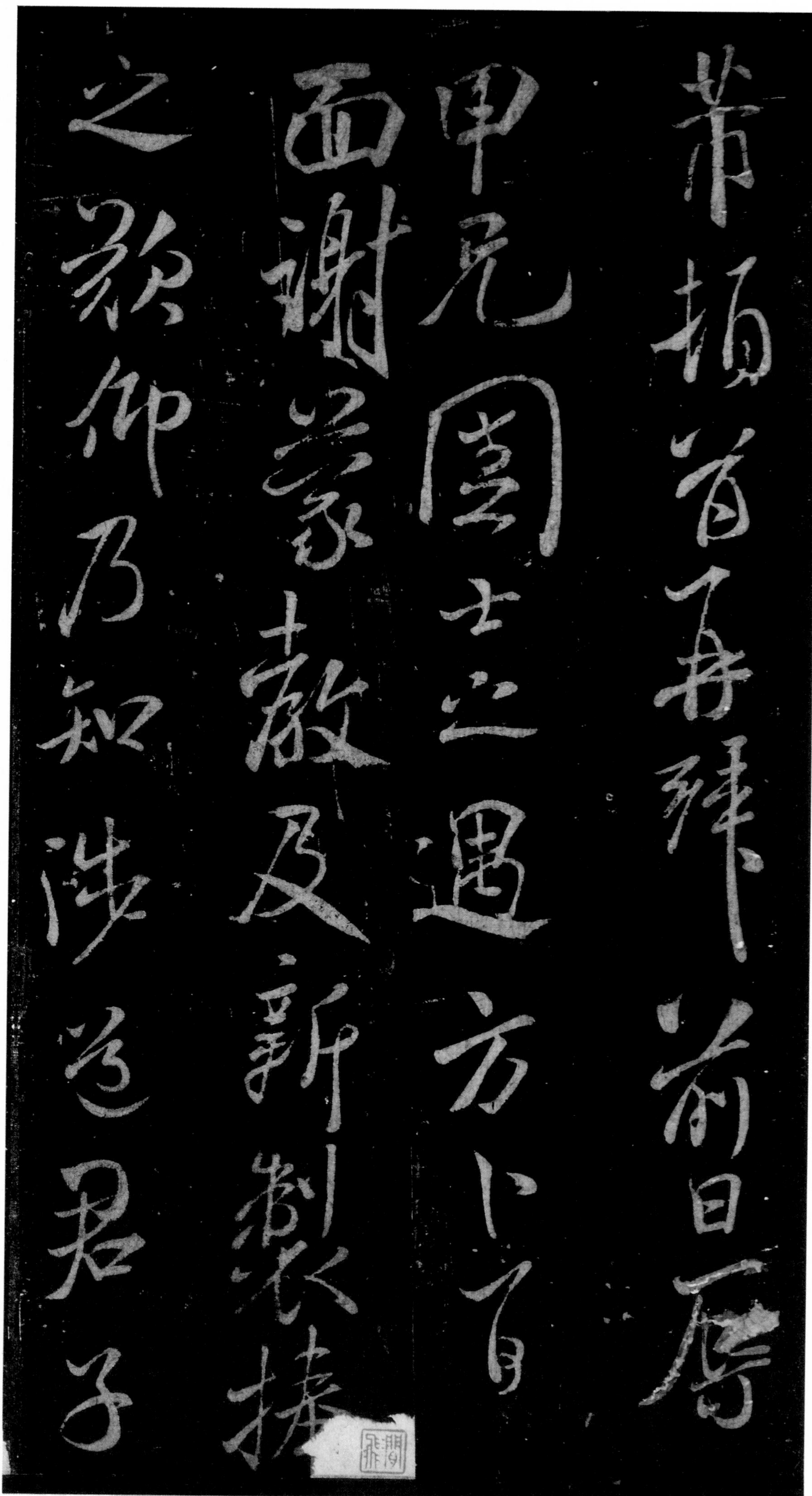

結餘驚人頗惜牌為
公掃也謹奉啟居常
謝三王亦別有本否如至
此中以為遠也
元日樂

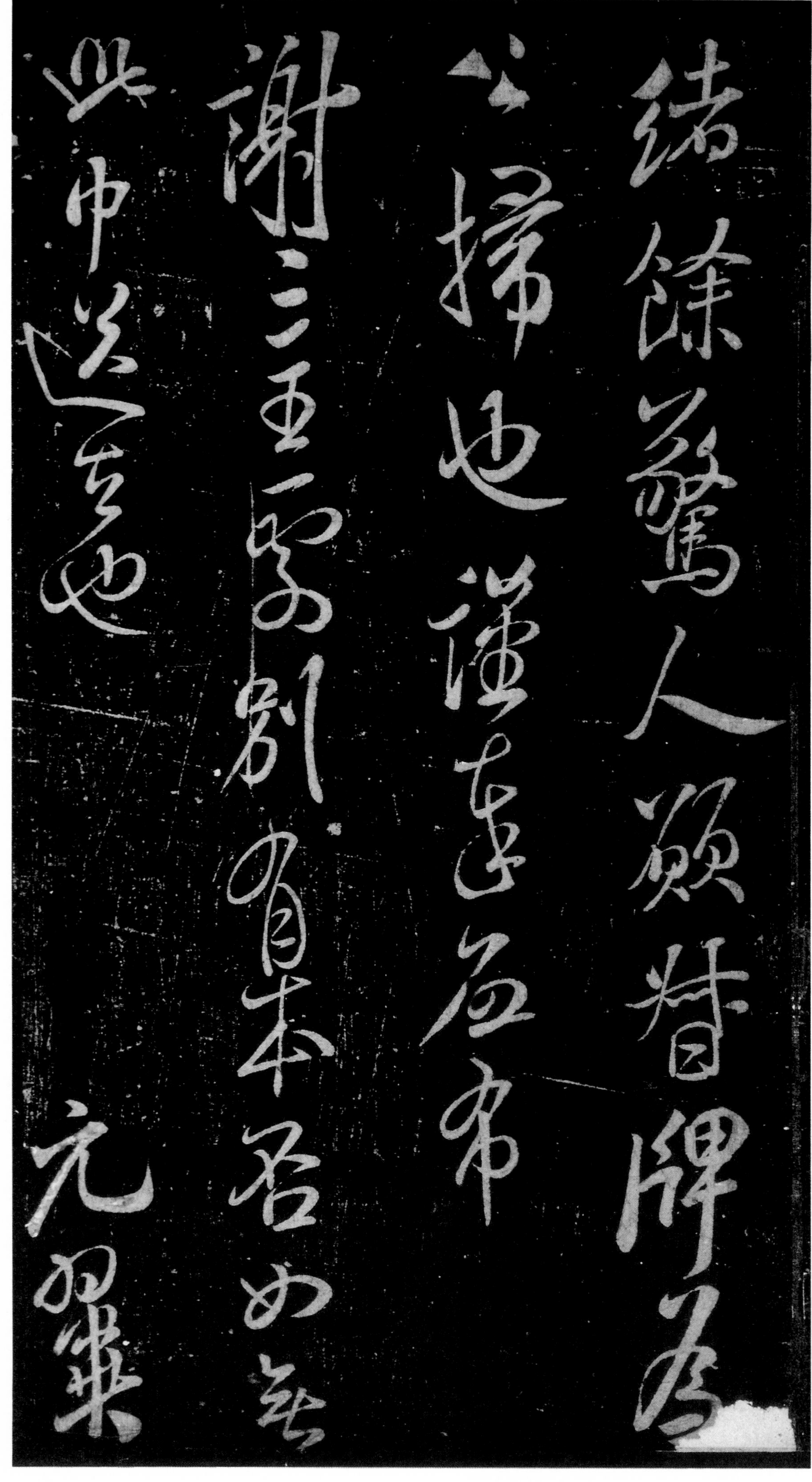

容別五帶枝弓弓書
子種帥顯用甲兒
帶枝弓弓蒙
穀惠茶二品珍荷巡上

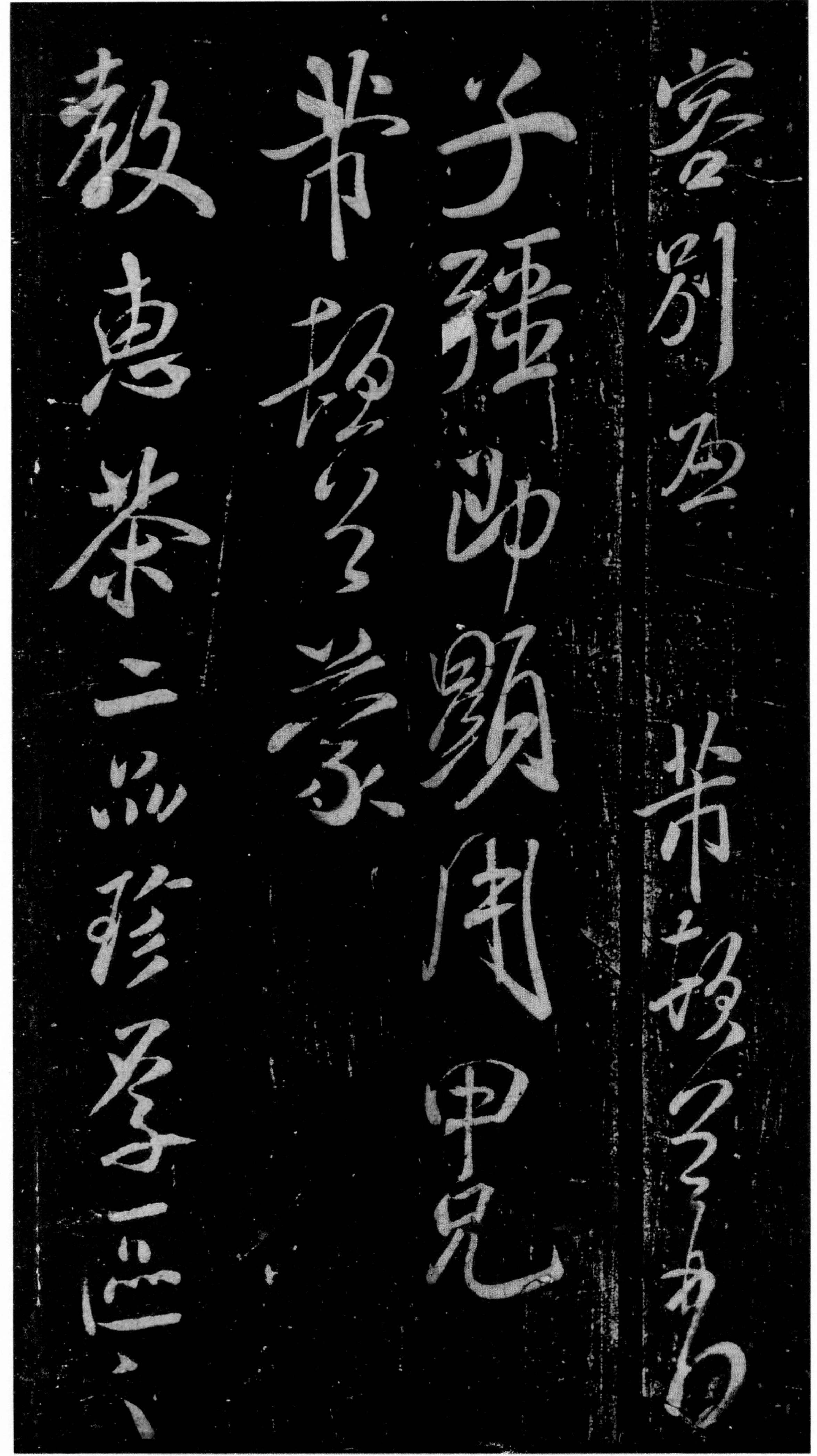

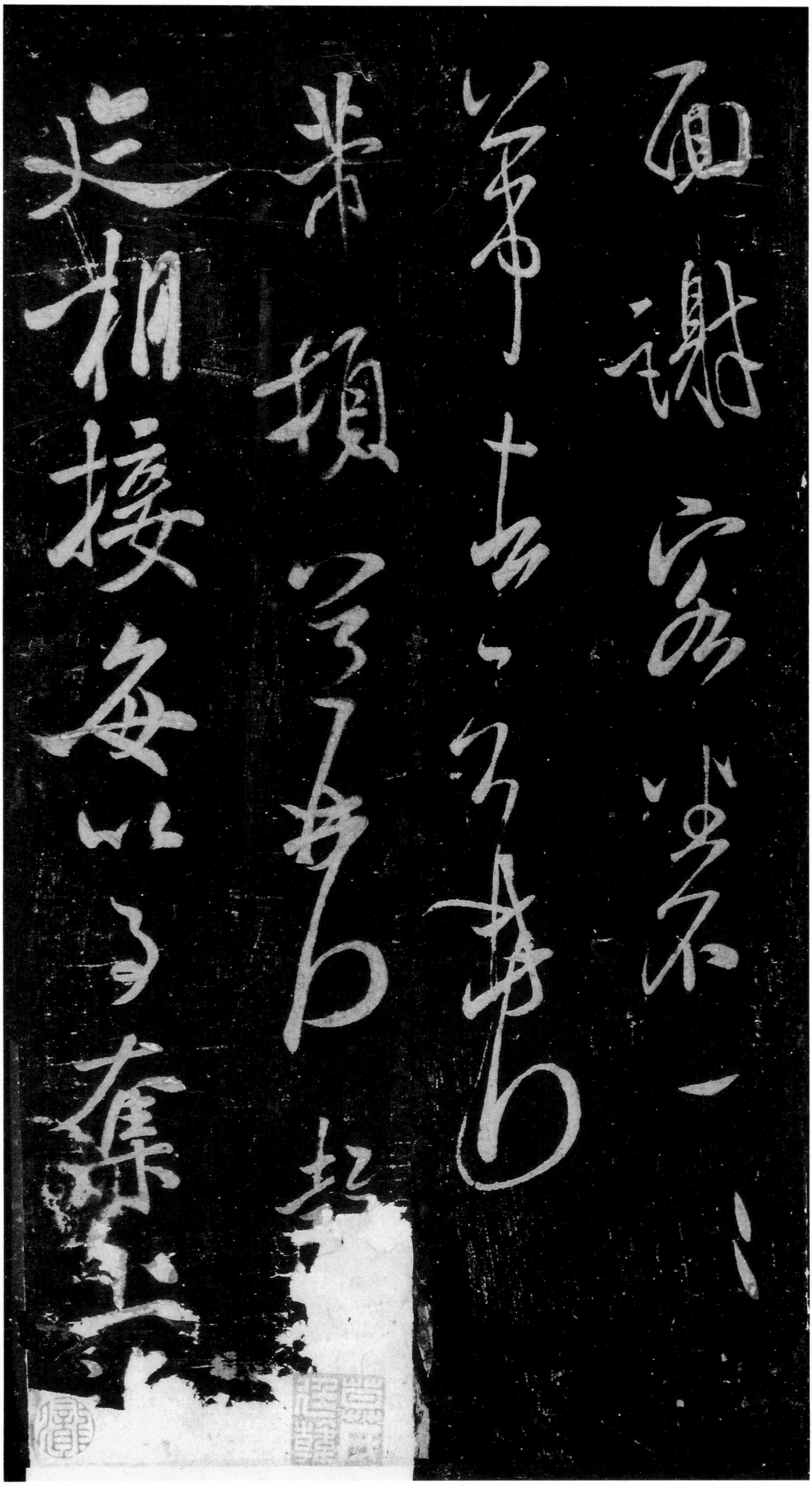

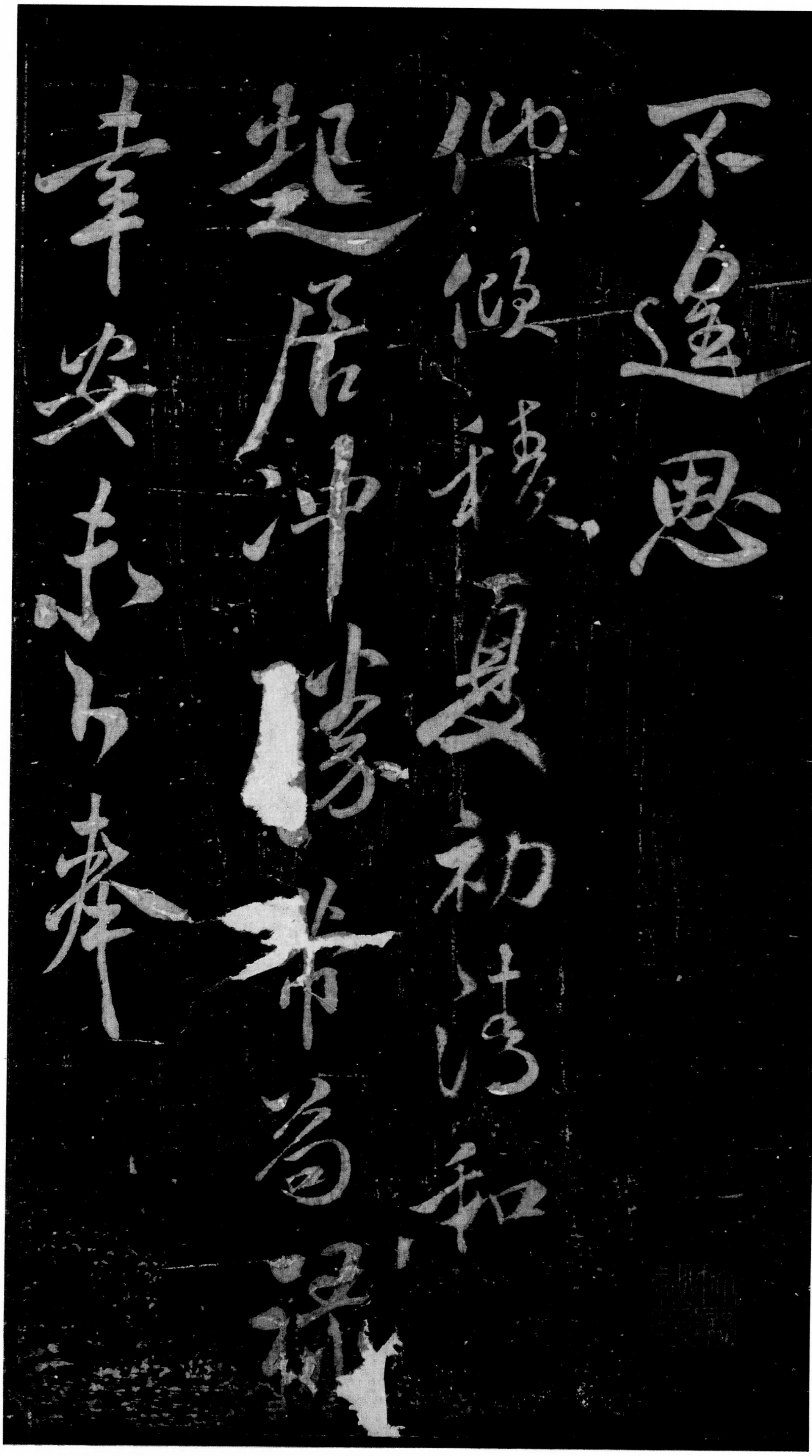

不遑思

仰傾積。夏初清和

想居沖豫常爲禄

幸安未々奉

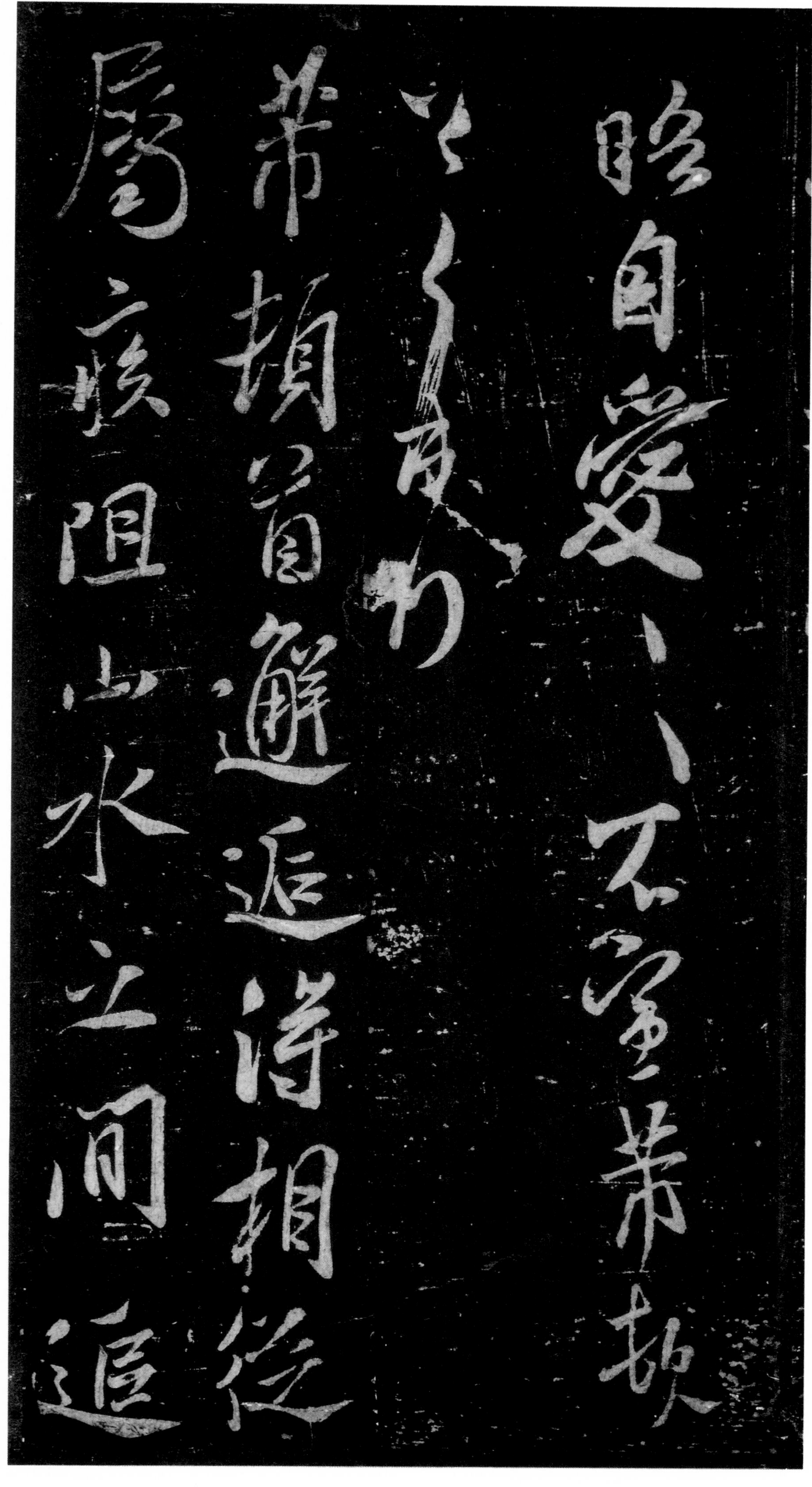

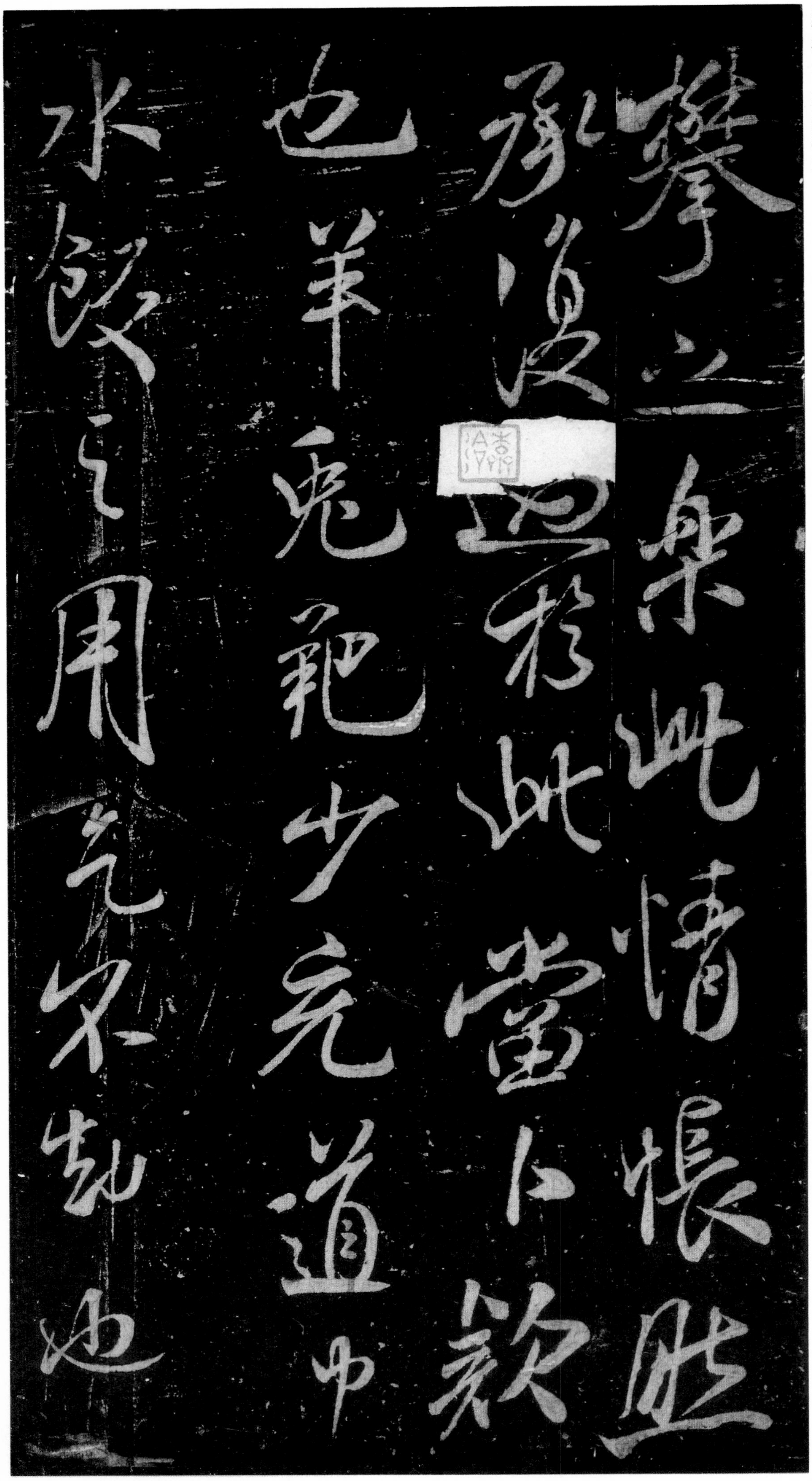

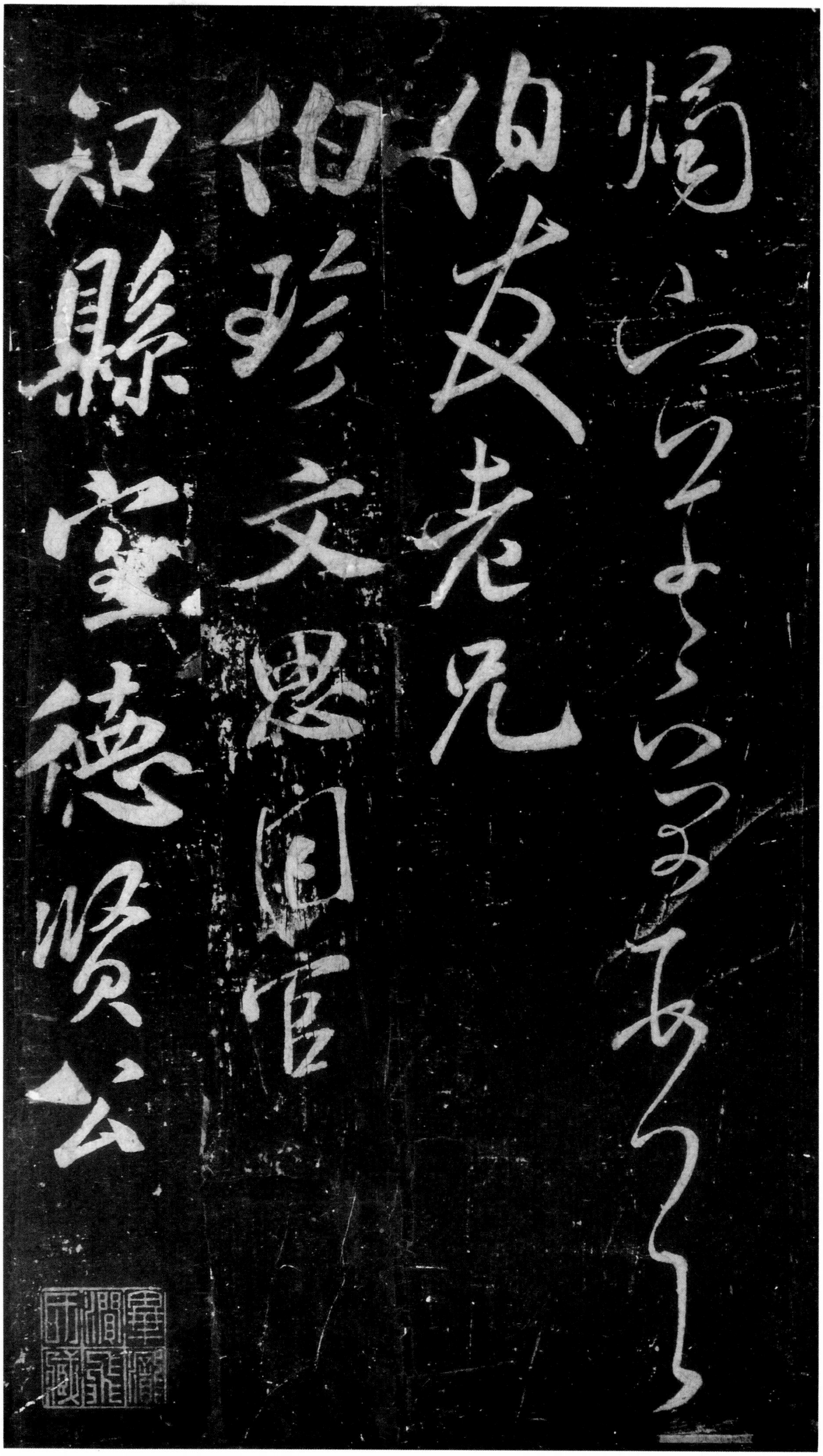

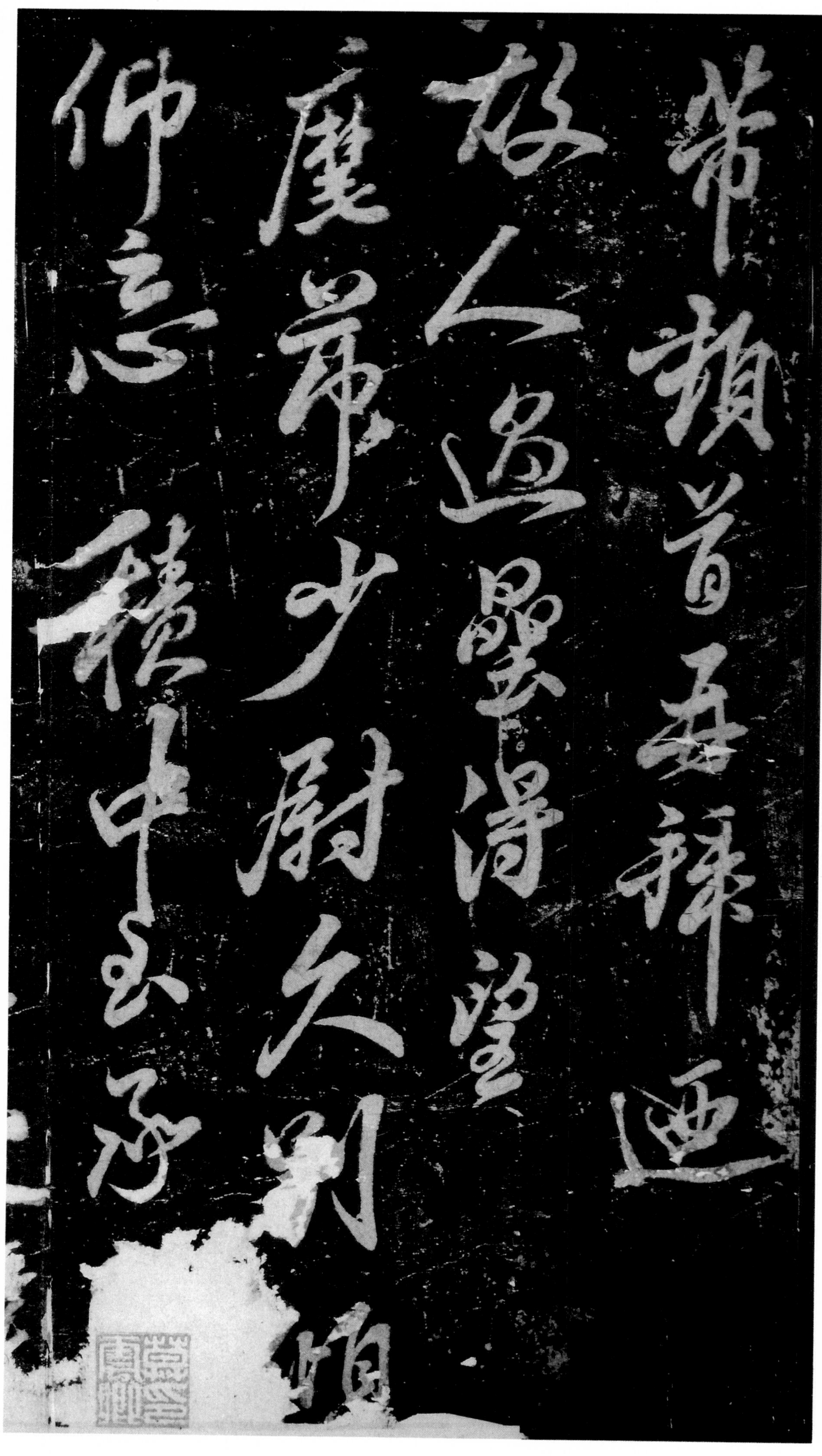

芾頓首再拜逈
故人過蒙得望
廛常少尉久別
仰忘積中出序

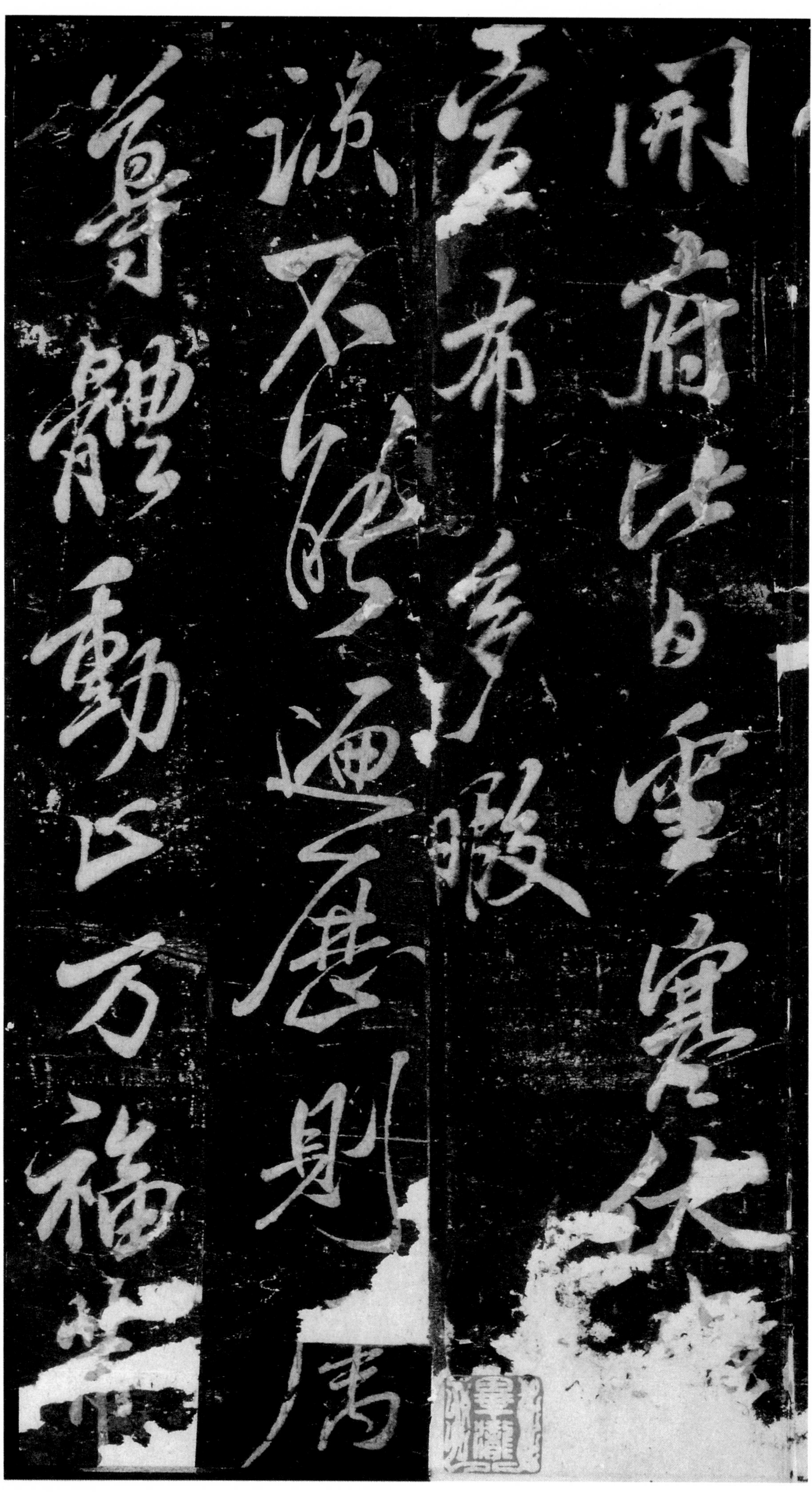

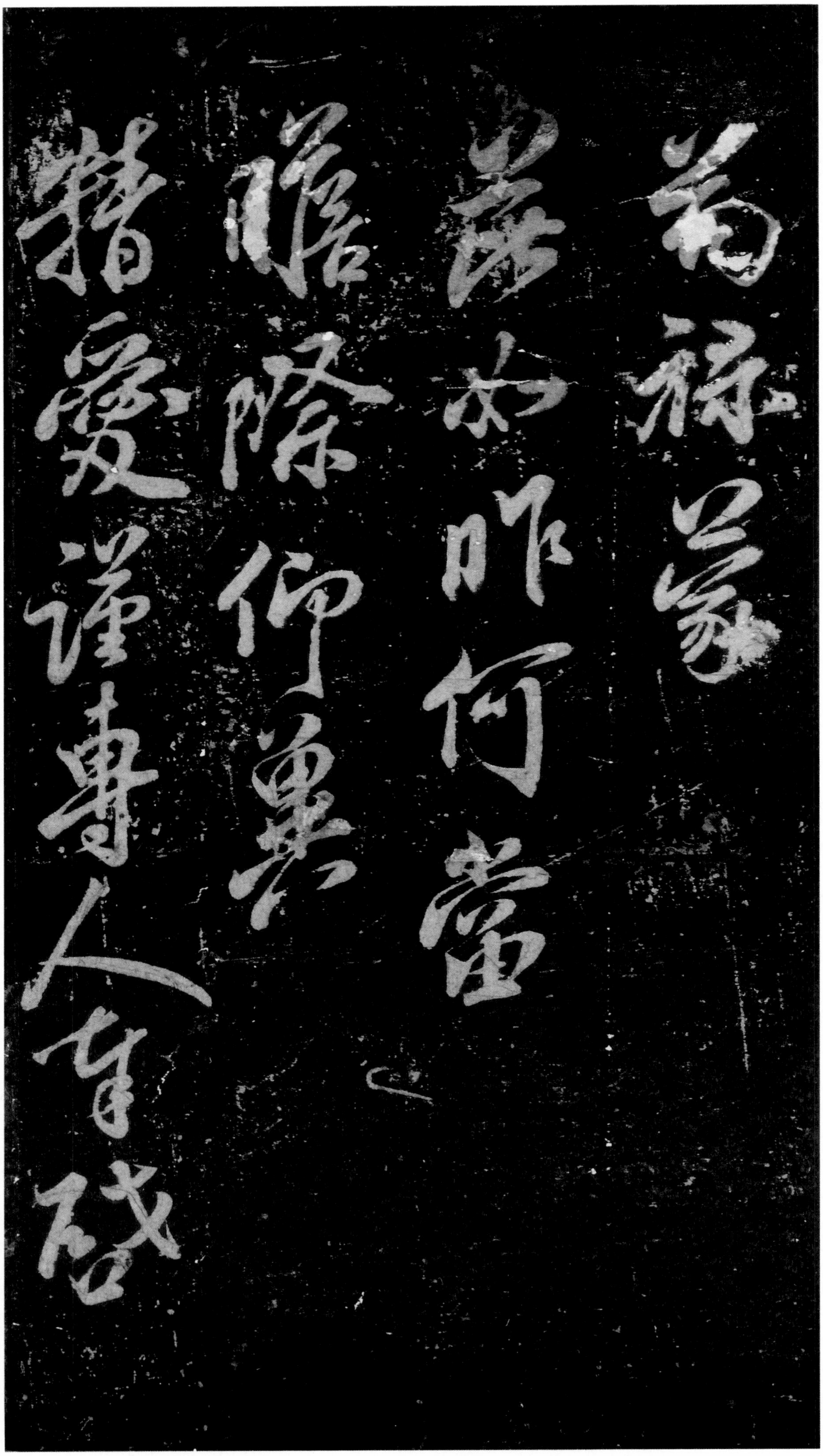

（颜、柳、白、米四家法帖）

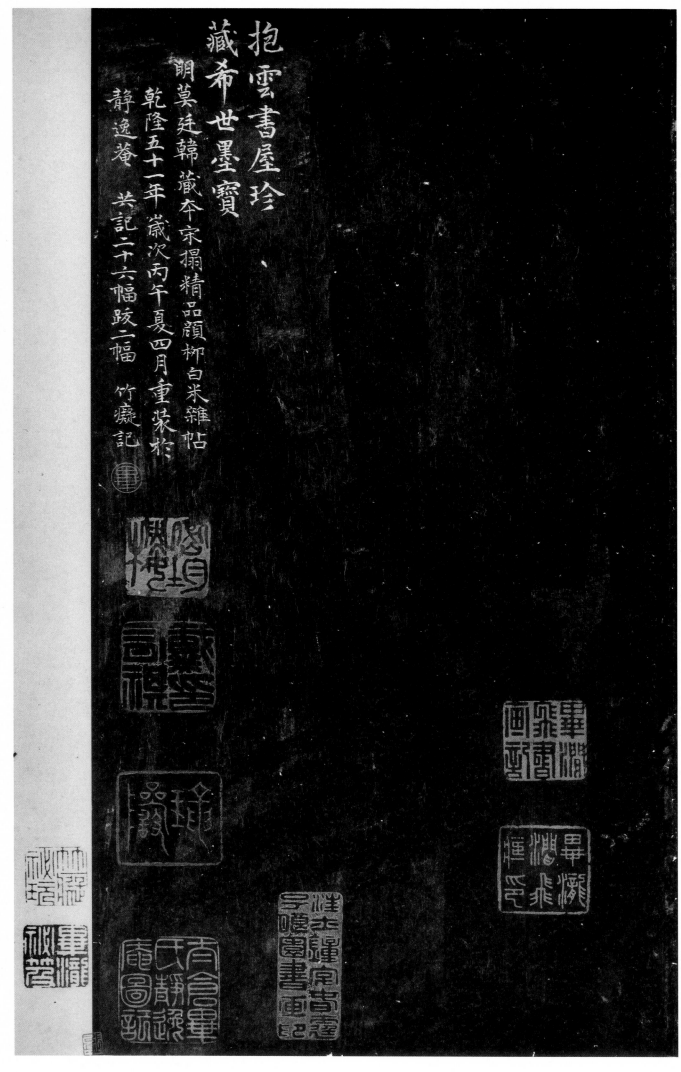
抱雲書屋珍
藏希世墨寳
明莫廷韓藏夲宋搨精品顔柳白米雜帖
乾隆五十一年歲次丙午夏四月重裝於
靜逸菴　共記二十六幅跋二幅　竹癡記

嘉靖甲申十一月至前装手王聞由舍之西齋娬江鏤墅寮識

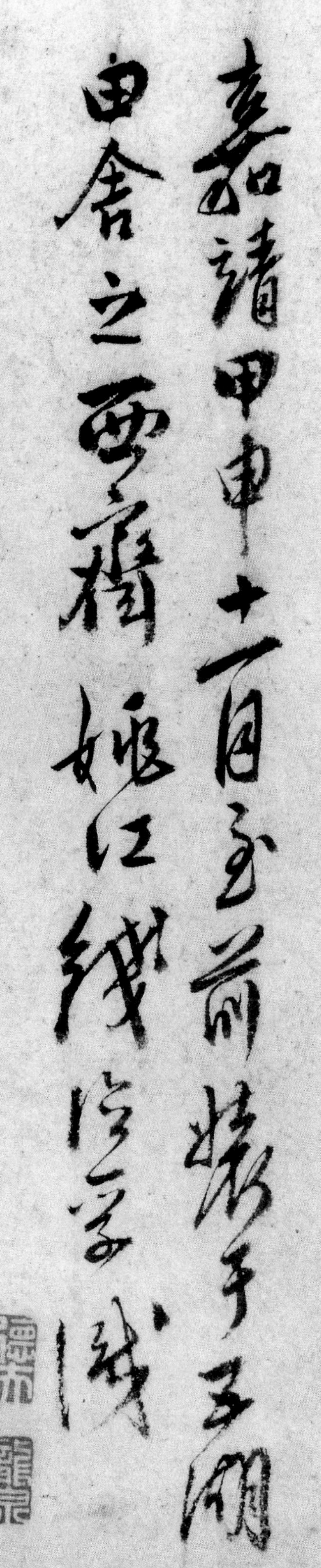

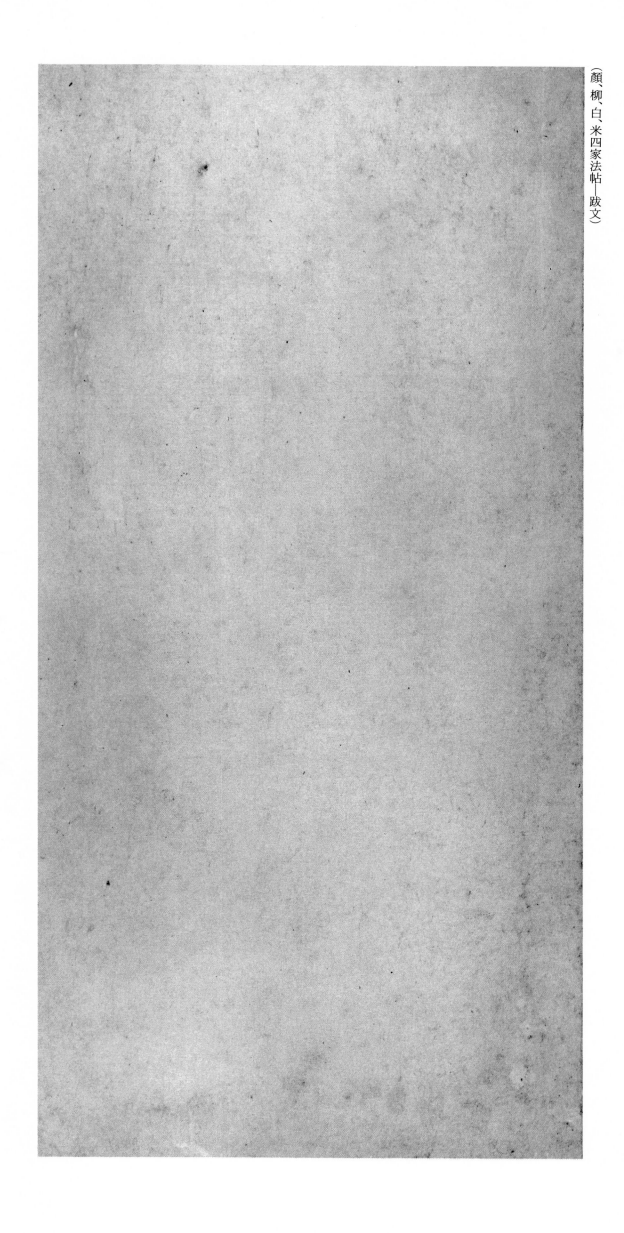

朱叔熙邸中觀所藏唐搨雲麾二碑顔柳白傳諸帖及米書

是叔熙頫翁莫廷韓物

人情固貴遠魏晉猶下風餘墨出三唐已而金石同偕觀瘞寢食心目行鴻濛物尚詒其至中古具羲農一字一氣運道從而汙隆節義與風雅至今見數公往往骨韵神不離肥重中可見肥不易乃以瘦為工古人第二義今為宗上功

顏李則如此況乃王与鍾鲁否見唐宋業已矜斯邑

萬曆丙辰中秋前十日竟陵鍾惺謹題

同觀者烏福清林古度

琳熙出其婦翁莫廷韓藏帖顏柳白米薈輯一冊政如行山陰道上應接不暇又如游天子上林樝棃橘柚各有其美珠熙持此爲下酒物眞不羨漢書張良傳也 之駿

西陵黄光壽私識濟見爲幸

此印向見印藪載之未辨爲何物蓋戰國虎符令在友人家見之左右俱完奇物也

雲虎記

觀莫廷韓所藏宋搨顏柳米元章諸帖知其臨覽甚深今人尚未夢見廷韓腳汗在 其昌觀

朱丹熙出所藏婦翁莫廷韓顏柳白米諸帖俱異世本內爭在尤喧赫余幼時忽於殘廢書楮中檢得顏墨累幅意可上下廷韓重美拱璧而余乃偶得之因歎世間遺珍亦復何限丙辰八月既望澹菴主人陸夢龍題

王弇州云頓挫鬱勃祭姪文藁勝於祭伯文藁風神奕〻祭伯父文藁勝於祭姪文藁揔之各臻其妙在乎不經意而法度備存踪動莊持魯公書之所以不可及如黃山谷云争座帖雖奇特猶不及祭濠州刺史文藁之妙蓋一紙半書而真行草法皆備也此帖莫廷韓所藏之物余得之雲間

張氏先是吴門一友持廷韓所藏唐搨雲麾將軍李秀碑繼復得廷韓所藏宋搨雲麾將軍李秀碑又閱月得世顔柳米白宋搨之帖之散而復聚一若有神物護持之以並歸於余者此等神品至寶宇宙間不多見之物余得日神游其間幸矣哉

竹癡[illegible]跋題

停雲館所刻祭姪藁未嘗不佳觀此宋拓其有毫釐千里之謬古人之所以不可及也 竹癡又記

停雲所刻係偽本餘清齋本與此本又有佳處而餘清更勝

陰寒不審太保所苦復何如承渭已損深慰馳仰

病妻服藥要鹿脯有新好者惠少許文殊

贊猶未獲望于文書中細檢也尋馳謁不次

十一日刑部尚書顏真卿狀上

李太保大夫以閣下

首頁上是秦玉印疢疾除永康休萬壽寧九字

此印今在維揚人家領阿挨物

董文敏戲鴻堂帖云墨跡與宋搨異余觀鴻堂所刻此文未見妙處

翻宋拓差可觀董云宋拓不足據余云墨跡未必真故所刻一無

雄渾之氣觀此宋拓見魯公真面目矣

竹癡識

鲁公争坐位祭伯文祭侄文鹿脯帖乞食帖柳州泥甚帖白香山问皆越州石氏所刻其目见宝刻丛编　存斋识

闲者轩帖考越州石氏帖本有米元章书恐米帖八帧亦石氏刊本非绍兴米帖一——　存斋又识

是帖為女壻狄率菴所收陳伯恭學士以賞
鑒自命索之不與頃來吳門心農居士愛
之即以相授翰墨之緣殆亦各有前定
不容强耶嘉慶元年長至日文治記

畢竹癡云此帖是莫廷韓所藏余淂之雲間張
氏先是吳門一友持廷韓所藏唐搨雲麾將
軍李秀碑繼復淂廷韓所藏宋搨李秀碑
又閱月得此帖三帖之散而復聚一若有神
物護持之以歸於余者此皆宇宙間不多淂

之物余得日遊其間幸矣哉然竹窗在日三帖已先後散去今又全歸試硯齋中其可慶幸當更何如然煙雲過眼未知此後又復何如試硯主人靜者也達者也即此三帖之去來合散可以悟矣

嘉慶五年春分後三日文治又記

此宋越州石氏所刻帖也陳續芸寶刻叢編全箸
其目即前人所称為博古堂帖者近代翁蘇齋家
以博古堂与越州石氏分而為二誤也南村帖考云石
邦哲字熙明紹興三年為大理評事乾道初洪文惠
守會稽時熙明已嘗從其子祖礼及固問莊問借
所臧碑石成隸續是石氏刻帖當在南宋初年此
本魯公祭伯文祭姪文寒食帖鹿脯帖柳諫議泥
甚帖白香山訬蔄皆在陳編二十七種之內惟米帖
未録孫氏閒者軒帖攷於諸種外又多出米元章
書及瀟隸千文知博古堂本有米書陳續芸書

以五季為斷最古本朝人書并易其名耳越州石
氏所刻晉唐人小楷流傳尚多而顏柳白米書
至為罕覯此本墨色黯古紙質緊薄定為宋
拓明代為莫廷韓物國朝遞經畢澗飛王
夢樓藏去董文敏鍾伯敬皆有題詠尤足增
重也　穀孫世大兄出以見示因書冊尾以志古
歡　丁卯六月中沐褚德彝記

大觀帖第七鑑藏印選

宋犖

商丘宋犖審定眞跡

汪德容

臣悳(德)容印

汪雲尺

臣德容印

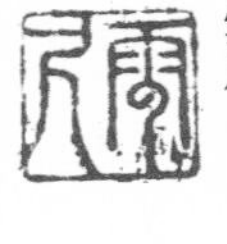

雲尺

王文治

王文治印

曾經滄海

宮本昂

宮子行玉父共欣賞

張仁黼

簡盦珍弆

張仁黼印

固始張氏鏡菡榭印

鏡菡榭臧(藏)

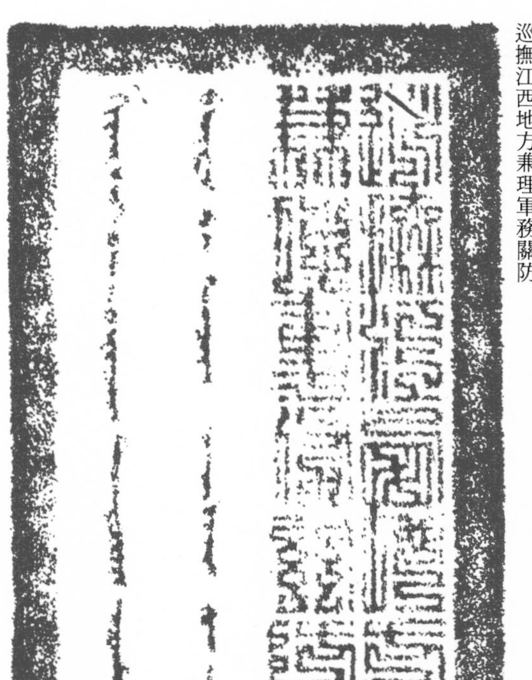

巡撫江西地方兼理軍務關防

澄清堂帖卷十一鑑藏印選

宋犖

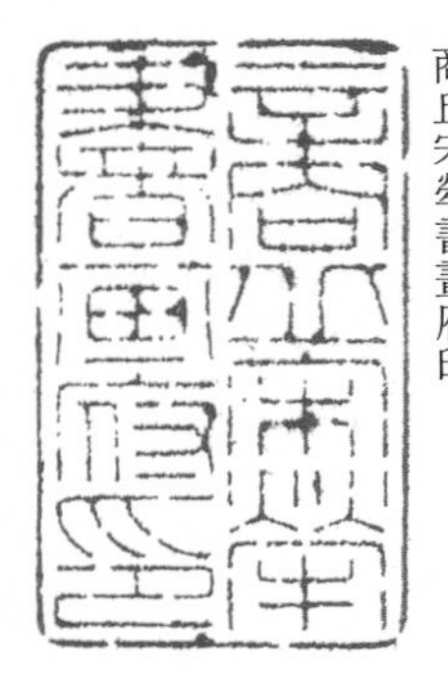

商丘宋犖書畫府印

寶軸時開心一洒

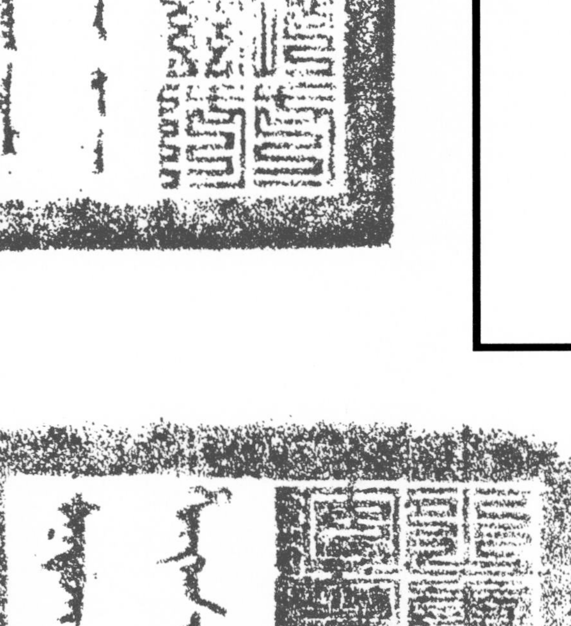

山東等處提刑按察使署之印

張仁黼

固始張氏鏡菡榭奕世收臧（藏）寀（審）定金石書畫印

固始張氏鏡菡榭收臧（藏）鑑賞印

張瑋

固始張瑋

俶彬

顏、柳、白、米四家法帖鑑藏印選

莫是龍

莫雲卿印

莫雲卿印

莫

莫氏廷韓

莫氏廷韓

莫氏廷韓

莫雲卿賞監（鑒）記

廷韓父

飛雲閣

董其昌

董其昌

鍾惺

字伯敬

鍾惺之印

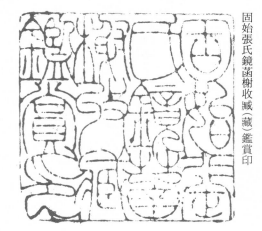

六歡喜亭

潤飛

畢

畢瀧

潤飛

畢

畢瀧

潤飛

瀧

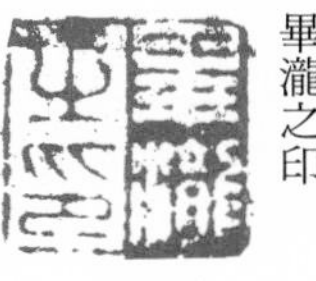
畢瀧之印

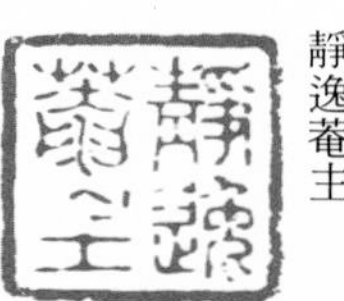
靜逸菴主

瀧

畢瀧私印

臣瀧私印

靜逸龕

瀧

臣瀧之印

南園小隱

竹癡

畢氏潤飛

畢澗飛書畫記

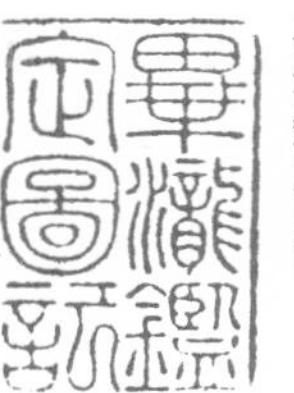
畢瀧鑑定圖記

畢瀧鑑臧（藏）

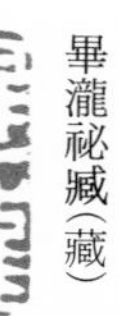
畢瀧祕臧（藏）

太倉畢氏靜逸庵圖記

畢瀧澗飛臧（藏）印

畢瀧鑑賞

澗飛珍臧（藏）

畢澗飛鑒臧（藏）印

竹癡祕翫

畢瀧清賞

畢瀧澗飛氏臧（藏）

竹癡祕玩

畢瀧祕笈

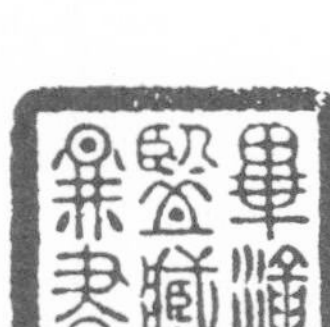
畢瀧監（鑒）臧（藏）圖書

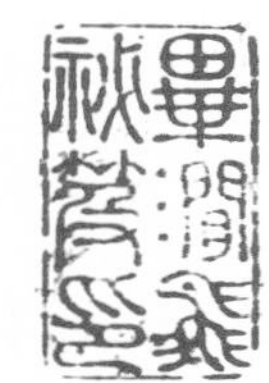
畢澗飛祕笈印

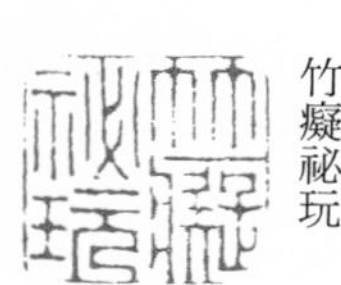
竹癡祕玩

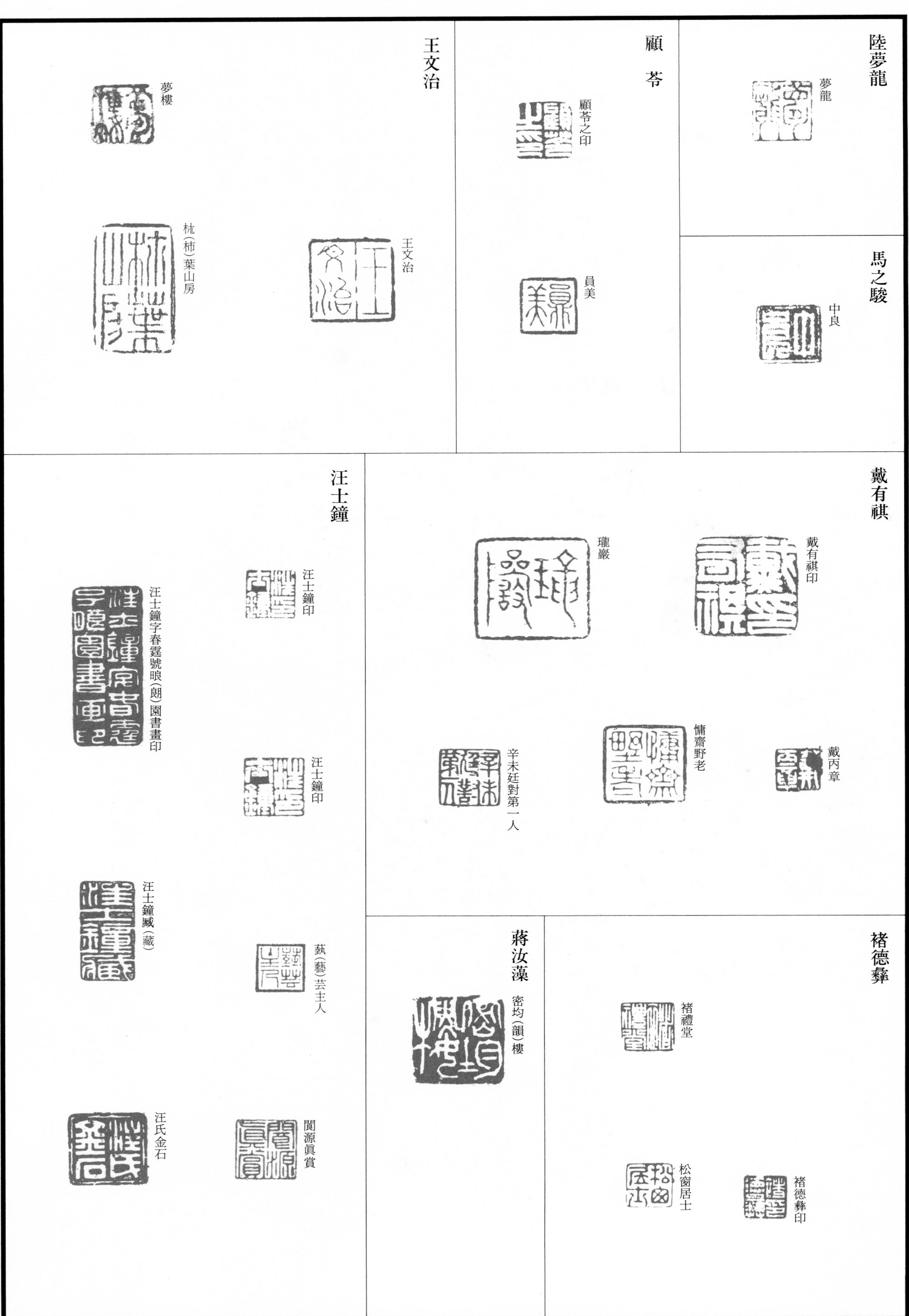

王文治

夢樓

杮(柿)葉山房

王文治

顧苓

顧苓之印

員美

陸夢龍

夢龍

馬之駿

中良

汪士鐘

汪士鐘印

汪士鐘字春霆號哴(朗)園書畫印

汪士鐘印

汪士鐘臧(藏)

埶(藝)芸主人

汪氏金石

閬源眞賞

戴有祺

瓏巖

戴有祺印

辛未廷對第一人

慵齋野老

戴丙章

蔣汝藻

密均(韻)樓

褚德彝

褚禮堂

松窗居士

褚德彝印

前言

蔣文光

碑和帖在刻石中屬於完全不同的兩大類。古代以銘功紀事的石刻，稱爲碑。尺牘、書疏，稱爲帖。清人葉昌熾《語石》說：「今人碑帖不分，凡刻石之文，統呼爲碑，及墨而拓之紙，則又統呼爲帖，雖士大夫，未能免俗。」有人從南北兩派書法不同的風格區分碑帖。清人阮元《北碑南帖論》說：「南書長於簡札；北書長於碑榜。南派乃江左風流，疏放妍妙；北派是中原古法，拘謹拙樸。兩派書風，判若江河。」認爲碑帖二字不可泥解，各自代表本派的書風。此外，有人從形式上分，即石豎立者爲碑，橫置者爲帖。還有人從內容上分，碑主要是把一些特定內容告訴他人，如某人的事蹟，某事的始末，名勝的沿革，以及統治者的規章、法令等。由於旨在傳播，文字堂皇大方，工整嚴謹。帖的內容是尺牘、書疏、詩文，摹刻上石，有些法帖刻在木版上，具有史料價值和書法藝術價值。從石上或木版上拓下的墨本，供人欣賞學習，則是法帖的作用。

帖學是研究法帖的歷史內容和書法藝術的專門學科。世之治帖學者，源於六朝，而以晉人爲宗。當時，書家輩出。著名者有索靖、杜預、桓溫、孔琳、嵇康、謝安等。陳隋間，智永兼工諸體，以草書最勝。其後言帖學者，皆爲二王。並以二王帖爲帖學的宗師。從而爲宋代以後法帖盛行準備了極爲充裕的條件。

作爲研究書法用的刻帖，初有單件書跡的摹刻，後則發展成爲彙集諸家法書的巨帙叢帖。就單刻而言，世傳王羲之草書《十七帖》，唐時曾摹勒上石。就叢帖而言，以南唐後主李煜時期《昇元帖》爲最早。李煜宮廷所藏法書名畫，十分豐富，鑒賞能力亦名重一時。因自無年號，集秘府所藏法書，用列祖李昪昇元年號（九三七年）集刻成《昇元帖》。此帖傳本甚稀，僅故宮博物院藏有殘本。

宋代，帖學盛行，都城汴梁（開封），是全國的政治、經濟、文化的中心。宋太宗趙炅，書法藝術造詣頗深。淳化三年（九九二年），命翰林侍書王著摹刻秘府所藏法書於棗木版上，藏於禁中，名爲《淳化秘閣法帖》，簡稱《淳化閣帖》，簡名爲《閣帖》，共十卷，成爲諸帖之宗。

自《淳化閣帖》出，哲宗趙煦時有《淳化秘閣續帖》之刻。徽宗大觀三年（一一〇九年），趙佶命龍大淵集刻內府所藏眞跡，名爲《大觀帖》。此帖在諸匯帖中，占有很重要的地位，享有很高聲譽。南宋後，《淳化閣帖》翻刻本很多。宋代翻刻者有：宋高宗紹興十一年（一一四一年）《國子監本》；孝宗淳熙十二年（一一八五年）《淳熙修內司本》；刻人不詳的《王文淵公本》；《賈似道本》；宋廖瑩中摹刻的《世綵堂本》；武岡軍刻的《武岡本》。至於明代翻刻《淳化閣帖》的那就更多了。

宋代所刻叢帖多數宗於《淳化閣帖》，只是內容有增減，另立名目。如《大觀帖》即《太清樓帖》、《胡氏豫章法帖》、《鼎帖》、《寶晉齋帖》、《淳熙秘閣續帖》、《絳帖》、《潭帖》即《長沙帖》等，多至不可勝數。諸帖的特點，有的則補《淳化帖》之不足，其中包括增補，或糾錯等；有的純系翻刻。故《淳化閣帖》的出現，爲宋代官、私刻帖開創了風氣。

由於《閣帖》刻版深藏禁內，拓本罕有傳出，於是私刻閣帖之風盛行，傳刻蔓衍，增減內容，宋代已達三十餘種。甚至當時名家墨跡，如蘇、黃、米、蔡，至宋末多有上石。金、元兩代刻帖較少。在元代復古尊帖的風氣中，趙孟頫起了重要作用。

明代書法是繼宋、元帖學書法的又一個發展時期。自宋代帖學確立以來，法帖已成爲書家研習的主流，明代則沿其體勢，集其大成。又由於明代歷朝皇帝和外藩諸王多愛好書法，因此匯刻叢帖之風，勝於往昔。當時帖學的主要特徵，是書法的廣泛普及。正如馬宗霍《書林藻鑒》所說：「帖學大行，故明人類能行草，雖絕不知名者，亦有可觀。簡牘之美，幾越唐宋。」據統計明代著名的叢帖，不下五十餘種。這是元代尚古尊帖之風的一個發展，爲衆多的書家創造了便利的學習條件。

清代的書法大致可分爲兩個時期：一是帖學期，一是碑學期。帖學期又可分爲宗董、宗趙兩個階段。帖學雖以董、趙爲宗，但仍上追二王，下追蘇、黃、米、蔡，以汲取精華。清代中葉以前承明代帖學遺風，梁清標首刻《秋碧堂帖》，影響甚大。康熙重董，乾隆尊趙，均以帖學爲法，所刻法帖亦多，乾隆首將內府秘藏名跡刻入《三希堂法帖》、《墨妙軒法帖》，重刻《淳化閣帖》，並進行了大量的考釋，對帖學研究很有貢獻。同時，乾隆年間還建了「蘭亭八柱」，提倡王羲之《蘭亭序》書法，一時刻帖之風蔚成風氣。

近代由於攝影和印刷術的發展，法帖由鐫刻轉爲珂羅版印刷。刻帖是我們祖先的重要發明，在現代印刷術還未發達之前，對書跡流佈有着不可磨滅的貢獻。

本卷所收中國歷史博物館藏善本法帖三種。計有宋拓《大觀帖》卷七、宋拓《澄清堂帖》卷十一、宋拓《顏、柳、白、米四家法帖》。

《大觀帖》在諸匯帖中，享有較高的聲譽。尤其原刻宋拓，不但摹刻精緻，而且存留至今者爲數甚少。

此卷所收《大觀帖》卷七足本，內容爲王羲之草書尺牘。最後一頁有蔡京的「大觀三年正月一日，奉聖旨摹勒上石」行楷書款二行。此帖摹刻世稱勝《淳化閣帖》，歷來不少著錄認爲該帖是由墨跡鉤勒上石的。但今天我們看到的《大觀帖》，並非完全如此。最明顯的是有原帖石花。可見，《大觀帖》雖有一部分來自石刻本《淳化閣帖》，但仍不失爲叢帖之首座。

《大觀帖》刻石不久，內府失火，致石刻殘損不全，故拓本流傳極少。宋室南遷，由於兵燹水火之災，完整全套拓本已不多見。到元、明時期，僅留有少數殘本。致使愛好和研究書法者，難以對該帖進行考證和研究。

《大觀帖》萃晉唐之寶書，極鐫模之絕藝，別具華貴典重氣象。其妙處在於字法豐腴婉健，起訖轉折，鋒穎如生，極近手書。由於該帖選擇謹嚴，摹刻精工，世稱「大觀之本愈於淳化」，故爲歷代所推崇。

由於原拓流傳甚稀，明人輾轉翻刻，形神全失。原本《大觀帖》在明中葉已極少見，藏家偶獲一、二殘卷便視爲至寶。而本卷爲僅存的足本，其重要性就可知了。

本卷所收王羲之書，最後有七個帖早在唐太宗時即被收入《十七帖》中。通過此帖，我們能看到右軍書法的韵致與風儀。這是《大觀帖》的優點，值得重視。

本卷所收宋拓《澄清堂帖》卷十一，其中所謂漢章帝《千字文》殘本一頁及《黃庭經》四頁，係從他帖中移植，並非原帖所刻，所以本帖實際上只存：（一）文勛摹《瑯琊臺頌》，存小篆二十二行，共計八十六字。文中「五大夫楊樛」之前，尚存「五大夫趙嬰」，末「製曰可」三字完好。此《瑯琊臺刻石》摹刻精緻，筆道稍細，字體較泰山刻石稍小，神韵在泰山刻石之上。且僅存的《瑯琊臺刻石》原石現在我館保存，字跡有些模糊，幸能借此帖見到宋摹拓本，二者無疑都是十分珍貴的文物。文勛摹《瑯琊臺刻石》後面的蘇軾跋，是蘇書精品，筆筆着力，結體嚴謹，像這樣精緻的眞書，實不可多得。（二）蘇軾《代張方平諫用兵書》，原文雖載入《東坡集・奏議》卷第十五，但未見刻入其他法帖，此當屬孤本，很有歷史藝術價值。（三）蘇軾書《到黃州謝表》，用筆、結體、佈白等與上帖有異曲同工之妙。（四）蘇軾書《摩訶般若波羅蜜多心經》並跋，是蘇軾小楷的絕精品。（五）章草《急就章》原文已被人割去，釋文亦全失，後以《淳化閣帖》首頁章草《千字文》部分充補。從未被割去的《急就章》尤焴跋，知《急就章》爲葉夢得原本，後歸尤袤，袤孫焴在泰州刻石，並收入《澄清堂帖》卷十一。這爲歷來談皇象章草《急就章》者所未談及。（六）《黃庭經》，書體比較纖細單弱，與歷來所刻的《黃庭經》大致相近。非此帖原刻，顯係從他帖移植而來。

關於《澄清堂帖》的卷數問題，在本卷未發現以前，人們總覺得《澄清堂帖》僅十卷，有一部分不像墨跡所刻，這種疑問始終未找到正確的答案。現在我們看到本卷及所鈐「政和」、「宣和」、「政龢」小印，及蘇軾以下南宋人許多字跡，知此帖是南宋嘉定年間人刻，底本以《閣帖》爲主，摻雜一些其他內容。在前十卷裏，以二王爲主，更能證明由閣帖翻刻而來。那種所謂《澄清堂帖》爲「帖祖」和全由墨跡鉤勒上石的說法，已不攻自破。此帖既有十一卷，由此我們可以推想至少爲十二卷。全帖的內容，則是王羲之、王獻之至蘇軾的法帖。王羲之帖有五卷之多，現在能見到的有卷一、卷三、卷四、卷十一。其中卷二、卷五，可以從《來禽館帖》、《戲鴻堂帖》、《清鑒堂帖》等帖中參見它的內容。此雖殘卷，確爲南宋所拓，明內庫裝，世間僅此一冊，爲研究法帖源流的善本。

本卷所收宋拓顏、柳、白、米四家法帖，由唐顏眞卿、柳公權、白居易及宋米芾四家法帖散頁，匯爲一帙。各帖皆南宋越州石氏所刻，其目見陳思《寶刻類編》。《越州石氏帖》，又名《博古堂帖》，由宋新昌（今浙江新昌縣）石邦哲摹刻於會稽（今浙江紹興），故亦稱《越州石氏帖》。原帖所刻漢、晉及唐人書共二十七種，久殘二王及歐、虞、褚、柳等人小楷十一種。《越州石氏帖》所收小楷爲多，摹刻精工勁秀，世有定評。蓋宋去唐未遠，名刻俱在，故得佳勝之作。

顏、柳、白、米四家帖，共十九開，裝裱成冊。從墨拓深淺及錢德孚跋文來看，爲明嘉靖間，裝裱成冊。四家書帖，在其他拓本中比較多見，但《越州石氏帖》之精彩摹勒，實屬罕見。冊中惟白居易書所傳甚少，爲世所重。此拓雖是《越州石氏帖》殘葉，但因《越州石氏帖》所存無幾，拓本卻在匯裝成冊的顏、柳、白、米帖中保存了一部分，從帖後明代諸家題跋和圖記看，此本流傳有緒，彌足珍貴。

冊中的顏眞卿書有《祭伯父文稿》、《祭侄文稿》、《鹿脯帖》、《寒食帖》，都是顏眞卿顯赫於世的名跡。

顏書《祭伯父文稿》，書於唐乾元元年（七五八年），爲祭其伯父顏元孫之祭文稿本。此帖書法剛勁圓熟，與歷來傳頌的《爭座位稿》、《祭侄文稿》，合稱「三稿」，爲著名的法書之一。此帖近似《爭座位帖》，而稍滯漫。原跡在北宋時爲一富豪安師父所藏，與《祭侄文稿》、《爭座位帖》等，曾入徽宗內府，《宣和書譜》著錄，此帖爲《祭伯父亳州刺史文》。《甲秀堂帖》、《鬱岡齋帖》入錄。

顏書《祭侄文稿》，唐玄宗天寶十五年（公元七五六年），顏眞卿從兄顏杲卿在常山太守任所被執，送至洛陽後被安祿山殺害。乾元元年（七五八年）眞卿命人尋訪從兄家人下落，只從常山找到季明侄首骨。眞卿以悲切的心情，寫此祭文。全篇運筆暢達果斷，轉折處鋒毫變幻精巧，渴筆枯墨多處出現，反映了作者激動的心情。世之論書者，譽爲顏書行草第一。

又顏書《鹿脯帖》、《寒食帖》，曾刻入《快雪堂帖》內。由於《越州石氏帖》摹刻精到，故此二帖比《快雪堂帖》所刻者爲優。《鹿脯帖》書法端正安詳，雄強遒勁，結構寬綽，用筆竪重横輕，觀之具有一定的厚度。《寒食帖》運筆古勁酣暢而不露鋒芒，結體跌宕多姿而悉合矩矱。

柳公權《泥甚帖》，楷書，二行。字體結構緊峻，筆法端嚴，筋力勁健，是柳書中的隨意之筆，值得重視。

在中國書法史上，往往有些書家寫得一筆好字，而書名爲政名、文名及畫名所掩。如杜甫、李白、白居易皆爲工書之詩人，但千餘年來，人們都在吟誦他們的詩篇，卻很少有人想到他們的書法。此册所收白居易的行草尺牘及《春游》詩，是白氏僅存於世的三件書法中的兩件，彌足珍貴。

此册所收白居易的行草尺牘及《春游》一詩，筆法流利，明顯受到晉、唐人書風的影響。據顧學頡《白居易所書詩書志石刻考釋》，兩件作品都是送給元稹的。今白集無，應補入。《春游》一詩，《全唐詩》卷四二三誤收入於元稹名下。清朱彝尊已指出其誤，云：「右白傅草一十九行，錢穆父在越勒石，置蓬萊閣下，今《長慶集》不載。或以是詩補入元微之集中，誤也。」

米芾行、草書能取前人所長，尤得力於王獻之，用筆儁邁，其書法與蔡襄、蘇軾、黃庭堅並稱「宋四家」。米芾存世的墨跡較多，而此册所收米芾尺牘六通，由於《越州石氏帖》摹刻精到，仍保持了米芾書跡的神韻，可說下眞蹟一等。

一　大觀帖第七

蔣文光

北宋大觀三年（一一〇九年）正月一日奉旨摹勒上石宋拓本

裱本十四開半，每開縱三〇・五釐米、橫二〇釐米

北宋大觀初，徽宗趙佶以《淳化閣帖》標題錯誤較多，且原板斷裂不完，乃詔出內府所藏眞蹟，命龍大淵等更定編次，摹刻上石，凡十卷。因石置太清樓下，故又名《大觀太清樓帖》。首標題與《淳化閣帖》同，前標後題，皆蔡京書。

《大觀帖》始刻於大觀三年（一一〇九年）至丁未（一一二七年）宋南渡，歷十八年刻成。南渡前拓本，除賜宋室大臣外，另不可得，故拓本流傳甚少。

《大觀帖》原石，靖康之亂，淪於金朝，故流傳的拓本多爲金拓。金時人知拓本爲世所重，潛拓求利。在宋金交易市場出售，時稱此類拓本爲榷場本，我館所收藏卷七即爲此本。

昔之研究《大觀帖》者，多以爲由墨蹟鈎摹上石。陳思《寶刻叢編》載施氏《大觀帖總釋序》略云：「大觀初，徽宗視《淳化帖》板已皴裂，而王著一時標題多誤，臨摹或失眞。詔出墨蹟，更定彙次，訂其筆意。仍俾蔡京書簽及卷首，刊石太清樓下。」汪砢玉《珊瑚網》卷二十一載：「《大觀帖》拓於閣本既燬之後，重出禦府墨蹟，勾塡入石。較閣帖眉高二寸有奇，與諸行列語句亦多不同。主之者爲蔡京，前標後題皆京筆。京事業不滿人意，而書學視王著稍勝，故所拓有一種雄桀之氣，與潭、絳諸本厭厭學步者不同。」

按照以上說法，《大觀帖》均由內府所藏墨蹟鈎勒而出。而今天所見拓本，顯露原拓《閣帖》石花，如卷七第十二帖《足下時事少可帖》「乖」字旁有石花，並且石花與「乖」字相連，「乖」字第二筆的筆勢也誤。這足以說明《大觀帖》並非全由墨蹟鈎勒。因知其中部分應是由石刻本翻刻而來，主要應是來自《淳化閣帖》，但在重刻時經過審愼校訂，編排整理，用了不少精力。又以《大觀帖》鈎勒技術較勝，捶拓精工，紙純墨好，雖一部分翻刻前帖，仍不失爲叢帖之首座。不僅如此，《大觀帖》有多處校正了《閣帖》之誤。歐陽輔《集古求眞》謂：「《大觀》更正《淳化帖》處頗多，如《子敬授衣帖》增四十三字，其他增改之處尚不少。」此外，如《閣帖》卷七《染患不能得往問帖》，《大觀帖》就將此帖移至卷五，並與首卷古法帖三段合併爲一帖，因該帖爲智永所書，智永爲隋以前人，故列此帖於隋前。《大觀帖》審愼的編排，值得後人借鑒。

《大觀帖》原刻拓本流傳極少，其原因很多。孫承澤《閑者軒帖考》引王澧翁《大觀帖跋》稱「此帖未嘗再勒。」李日華《六硯齋二筆》亦謂「《大觀帖》無翻拓者，所傳大抵皆當時拓本。」蓋《大觀帖》刻成未久，內府失火，石刻殘損不全。宋南遷後，完整拓本已甚難得。元明時期僅存爲數不多的殘本。以致書家無緣見其眞本，考訂研究無從進行。

中國歷史博物館所藏宋拓孤本《大觀帖》第七卷，麻紙墨拓，裱本共十四開半。每半開六行，全册共一百六十七行，逐行剪裱，旁有金書小楷釋文。首題「歷代名臣法書第七」，第二行題「晉右軍將軍王羲之書」。折縫帖身下角皆殘缺。此册內容爲王羲之草書尺牘，末頁有「大觀三年正月一日，奉聖旨摹勒上石」二行。

此册前有寶熙題簽：「宋拓大觀帖第七」，王豈孫（惕甫）書簽「眞宋拓大觀帖」。册後有王文治、寶熙、朱益藩、陳寶琛、趙世駿、汪大燮、李經畬、張瑋等跋文與觀款。

册中收藏印有：「商丘宋犖審定眞蹟」、「宮子行玉父共欣賞」、「臣德容印」、「張仁黼印」、「固始張氏鏡菡榭印」、「春口帶草堂」等。證明此册在清代曾由著名鑒賞家宋犖、宮子行、張仁黼、張瑋父子等人先後收藏。一九六四年張瑋售於北京慶雲堂碑帖店，後歸本館。此帖曾經古物同欣社影印，一九七九年上海書畫出版社據古物同欣社影印本與南京大學所藏卷六合併翻印，卷七張瑋兩跋未收。

《大觀帖》北宋拓本一般比較清晰。至於南宋拓本，自與北宋拓本稍遜。由於此爲南宋榷場本，經過榷場加工，不少地方有所彌補。經過反復鑒別，此本一部分是由《閣帖》翻刻而來，所以不如南京大學所藏原翁方綱本卷六精湛。但由於它是南宋傳下來的孤本，所以仍然值得珍視。

此册與《閣帖》相較，存在不少優點，糾正了《閣帖》的若干疏失。現擇要說明如下：

《每念長風帖》裏的壯溫的「溫」字，在《閣帖》裏將「溫」字的三點水刻成草書的「⻌」旁，而本册「溫」字水旁作「氵」。《云足下尙停數日帖》裏的「甚恆」二字、《得告承長平未佳帖》的「平」、「患」、「念」等字、《足下時事少可帖》裏的「言叙」二字，《閣帖》鈎摹均有失誤，而《大觀帖》予以糾正，此爲《大觀帖》細緻之處。淸人王澍《閣帖釋文考證》說：「此帖有褚公摹本，刻吾家《鬱岡齋帖》中，比之官閣《淳化閣帖》本相去懸絕，官閣本摹拓多失眞，即此可見。」

爲了說明《大觀帖》之一部分是由《閣帖》翻刻而來，兩帖相較僅舉數例，供研究參考。

《大觀帖》經重排編次，仍有未盡妥者，如宋儋，唐人第五卷宋儋書沿《淳化閣帖》之誤排在隋前。

《省飛白迺致佳帖》，此帖在王澍《淳化閣帖釋文考證》中說：「此帖筆弱語凡，亦是僞帖」。其言甚是。但在鈎勒《大觀帖》卷七時，不加鑒別地按《閣帖》的原樣，鈎勒上石。

《向亦得萬書帖》裏的「參軍」的「參」字，《閣帖》有一半失筆處，《大觀帖》在摹刻時隨之有誤。又「悉」字，《閣帖》鈎摹失筆，《大觀帖》亦同樣失筆。《僕近修小園帖》，《閣帖》誤以三帖合爲一帖，而《大觀帖》按《閣帖》原樣翻摹下來，亦沿其誤。《得敬豫帖》中「故」字，《閣帖》「故」字中間失一轉，《大觀帖》亦沿其誤。《知念許君帖》的「以」字《閣帖》和《大觀帖》皆各失一筆。《信云舍子帖》和《四紙飛白帖》，《大觀

帖》誤合爲一。又如《鄉裏人擇藥帖》，王澍《淳化閣帖釋文考證》曰：「擇字鉤摹有失」。《大觀帖》卷七「擇」字仍按《閣帖》之誤鉤摹上石。以上種種，均可證《大觀帖》不全是由墨蹟鉤摹而來。

此外，《大觀帖》還存在着其他一些缺點和錯誤。如《期已至遲還帖》，米芾以「期已至遲……問耳」爲一帖，右軍書。下面的「當力東道」以下爲另一帖，並認爲僞帖。而《大觀帖》合二帖爲一，未能區別二帖眞僞。又《大觀帖》以《信云舍子帖》及《四紙飛白帖》合爲一帖。明顧從義云：「帖末『許』下猶空半字(指《信云舍子帖》)末『許』字與下面《四紙飛白帖》應爲二帖，《大觀》合爲一，誤耳。」這說明《大觀帖》在鑒選、編排方面還是有不太細緻的地方。

再如《大觀帖》裏的《龍保帖》與《閣帖》一樣，只刻了半個帖，說明它是由《閣帖》鉤摹而來，「龍」字末筆收筆處鉤摹有所誇張，寫成「龍」字。別本《十七帖》《龍保帖》裏的「龍」字也合乎筆法，「龍」字末筆收筆處是往上挑的，不是寫成錯誤的往下帶筆。連經過多次翻刻的《十七帖》別本《龍保帖》的「龍」字末筆收筆處也是往上挑的。可是《大觀帖》刻的《龍保帖》的「龍」字末筆收筆處往下帶筆，這是《大觀帖》的缺點。足以說明《大觀帖》非全由墨蹟鉤摹而來。

通過以上考察，對本册宋拓《大觀帖》卷七有這樣一些不成熟的看法，試提出簡單的結論。

(一)此刻不是全由墨蹟鉤摹而來。倘若全由墨蹟鉤摹出來，即便刻工稍差，其字體和筆道應有相仿的風格韵致，行筆應是流活而不滯，轉折處應有鋒棱。

(二)《大觀帖》中一部分據《閣帖》重刻。在摹刻《大觀帖》時，雖然經過一番審愼檢查，仍不免有些失誤。

(三)宋拓《大觀帖》卷七，後半卷《十七帖》部分共刻七帖，大半據《閣帖》而來，小一半不知何據，其字大小一致，表面匀稱，但實際與《十七帖》的風格不符。

(四)有些帖雖然寫得不錯，如《七月一日帖》(或稱《秋月帖》)、《足下大小佳帖》、《足下家極知帖》等，但非王羲之眞蹟，應是晉唐人摹本，富有右軍的遺風和筆意，此點不容忽略。

總上所述，《大觀帖》選擇謹嚴，摹刻精工，世稱「大觀之本愈於淳化」，故爲歷代所推崇。但拓本流傳甚稀，後代輒轉翻刻，形神全失。原本《大觀帖》在明中葉已極少見，收藏家獲一、二殘卷便視爲至寶，而本館所藏爲僅存的卷七完本，其在書學史上實具有重要的價值。

釋　文

歷代名臣法帖第七

晉右將軍王羲之書

七月一日羲之白：忽然秋月，但有感歎。信反，得去月七日書，知足下故羸疾。問觸暑遠涉，憂卿不可言。吾故羸乏力，不一一。王羲之□(白)。

得都下九日書，見桓公當陽去月九日書。久當至洛，但運遲可憂耳。蔡公遂委篤，又加癖下，日數十行，深可憂慮。得仁祖廿六日問疾，更委篤深可憂。當今人物眇然，而艱疾若此，令人短氣。

謝光祿亦垂命，可憂念。二朝奄忽，傷人懷，今年雕落可哀歎。但暑感懷深，得書知足下故頓乏食。差不？耿耿，吾故爾耳。未果爲結，力不一一。王羲之白

月半念，足下窮思深至。不可居忍，□(雨)濕，體氣各何如？參軍得針灸力不？□(甚)懸情，當深寬割。晴通省苦，遣□(不)具。王羲之白。

長素差不，懸耿，不大佳也。得敬豫九日問，故進退憂之深。

知念許君與足下意政同，但今非致言地。甚劬劬，亦不知，范生以居職未？以卿示輒便及之。吾尚不能惜小節目，但一開無解已。又亦終無能爲益，適足爲煩瀆，足下呼爾不？每念長風，不可居忍。昨得其書，既毁頓，又復壯謂(有的作「溫」)，深可憂。

謝生多在山，不復見，且得書，疾惡冷。耿耿。想數知問，雖得還，不能數，可歎。

初月二日，羲之頓首。忽然今年感兼傷，痛切心，奈何奈何！念君哀窮不已。羲之呈耳。

足下時事少，可數來，主人相尋。下官吏不東西，未委。若爲言叙乖，足下不返，重遣信往問，願知心素。

吾怪足下參朝少晚，不審有何事情，致使如然也。王羲之再拜。

前從洛至此，未及就彼參承，願夫子忽悒悒矣。當日緣明府共□(飲)，遂闕問，願足下莫見責。羲之頓首。

十一月廿七日，羲之報：得十四、十八日二□(書)。知問爲□(慰)。寒切，比各佳不？念憂勞，久懸情，吾食至少，劣劣。力因謝司馬書，不一一。羲之報。

十月七日羲之報：前過足下所，得其書，想殊有勞弊。然叔兄子孫有數人，足慰目前，情至取答，委曲故具示，可令必達，以副此志。且山川甚有形勢，遠想慨然。又出藥精要有驗信，比可致，當大惠也。從弟分□(別)，吾深憂慮，卿女轗軻，想何可□(處)差克喜，言不多耳。羲之。

皇象章草，旨信送之，勿□(三)，當付良信。

遠婦疾猶爾，其餘可耳。今取書付想。一一。

阮生何如？此粗平安，數絕問爲慰。

羲之白：君晚可不？想比果，力不具。王羲之白。

得遠嘉興書，計今日必度，喜遲可言，足下至慰。今有書，想足下有旨信，別告具之。

云足下尚停數日，半百餘里，瞻□(望)不得一見卿，此何可言。足下疾苦，□(晴)便大熱甚恆，中至不易，可得過□(夏)不？甚憂卿，還具示問。

得告，承長平未佳善得適。適君如常也，知有惠者，耿耿，念勞心，食少勞甚頓，還白不具。王羲之再拜。

足下小大佳也，諸疾苦，憂勞非一，如何？復得都下近問不？吾得敬和廿三書。無他。重熙住定爲善。謝二侯。

省飛白乃致佳，造次尋之，乃慾窮本。無論小進也。稱此將青於藍。

知比得丹楊書，甚慰乖離之□(歎)。當復可言。尋答其書，足下□(反)事復行，便爲索然，良不可言，此□(亦)分耳，遲面一一。太常故患胛灸愈，體中可可耳。僕射事已行，以表讓未知恕不？未復司州，旨告懸竦。鄱陽歲使，應有書，而未得。向亦得萬書，委曲備悉，使人慨然見。足下乃悉知。叔虎剋昨發，月半略必至。未見，勞參軍。

熱日更甚，得書知足下不堪之，同此無□(賴)，早且乘涼行，慾往遲散也。王羲之。

知賢室委頓，何以使爾，甚助耿耿□(念)，勞心知得廿四問，亦得叔虎廿三日書，□(云)，新年乃得發。安石，昨必欲剋潘家，欲剋廿五日

也。足下以語張令未前所經由，足下近如似欲見，今送。

七月六日羲之白：多日不知問，邑邑。得二日書，知足下昨問耿耿，今已佳也。

期已至，遲還具足下問耳。當力東論，道家無緣省告，但有悲慨，不得東此月問。

信云，舍子別送，乃是北方物也。□(何)以欲此，欲幾許。致此四紙飛白，□(以)爲何似，能學不？

月末必往，遲見君，無以爲喻。

鄉里人擇藥，有發夢而得此藥者，足下豈識之不？乃云：服之令人仙，不知誰能試者。形色故小異，莫有嘗見者，謝二侯。

昨見君歡復無喻，然未善悉，想宿昔可耳。脅中云，何一善消息，值周轉勝也。耿耿疾患小差，與弘遠俱詣，遲共寫懷。王羲之。

雪候既不已，寒甚。盛冬平可？□(苦)患，足下亦當不堪之，轉復知□(問)。王羲之。

知遠比當造，頃遲見此子，□(眞)以日爲歲，足下得審問旨，令吾……。

荀侯佳不？未果就卿，深企懷耳。安西音信，明可遇得歸洛也。計令解有懸，休尋。

知君當有分住者，念處窮毒，而復分乖，尙可居情想反理，斷當。

旦反，想至所苦晚差不？耿耿。僕腳□(中)不堪沈陰，重痛不可言，不知何以治□(之)。憂深，力不一一。王羲之頓首。

深以自慰，理有大斷，其思豁之令盡，足下勿乃憂之。足下殊當憂，吾故一一示問。

晚復毒熱，想足下所苦並以佳，猶耿耿。吾至頓劣，冀涼意散，力知問。王羲之頓首。

足下家極知無可將接，爲雨遂乃不復。更諸弟兄問疾，深護之。不具。羲之白。耳。

僕近修小園子，殊佳。致菓雜藥，深可致懷也。儻因□(行)往希見。比二處，動靜故一一。

常患馳情，散騎癰轉□(利)，慶慰。姉故諸惡，反側，永嘉慰奉集，欣喜無喻。餘可耳。得華直疏，故爾諸惡不差，懸憂。順何似未復，慶等近消息，懸心，君並何爲耶。此猶未得盡集，理行大剋，遲此無喻。

龍保等平安也，謝之，甚遲見之。

知足下行至吳，念違離不可□(居)，叔當西耶，遲知問。

知彼清晏歲豐，又所使有無一鄉，故是名處。且山川形勢乃爾，何可以不游目。

朱處仁今所在，往得其書信，遂不取答。今因足下答其書，可令必達。

吾服食久，猶爲劣劣。大都比之年□(時)，爲復可可。足下保愛爲上，臨書但□(有)惆悵。

彼鹽井火井皆有不？足下目見□(不)，爲欲廣異聞，具示。

足下今年政七十耶！知體氣常□(佳)，此大慶也。想復懃加頤養，吾年垂耳順，推之人理，得爾、以爲厚幸。但恐前路轉欲逼耳。以爾要欲一遊目汶領，非復常言，足下但當保護以俟此期。勿謂虛言，得果此緣，一段奇事也。

大觀三年正月一日奉
聖旨摹勒上石。

右軍書之在石刻者，如水之在地，決之則流，故右軍之神氣至今存焉。況《淳化》、《大觀》，尤爲江河萬古不廢之流乎？當時內府眞本余皆曾見之，其精妙不待言矣。然轉覺其太工，不若此種遺留之本，別有亂頭粗服風韻。質之北嵐先生，以爲何如？乞並告吾家愓甫也。

文治識。

右《大觀帖》第七卷，全宋刻宋拓，紙墨精古，商丘宋氏舊藏，而固始張簡盦前輩二十年前於無意中得之。簡盦廉介伉直，有聲於光緒朝，薄俸所入盡以供碑版書畫之需，其時物值尙廉，故雖資力有限，亦恆獲銘心之品，此帖其一也。公子儆彬，克承家學，守之弗敢失。今且同楊蔭北京卿所藏覃溪題第六卷用珂羅版印行，以餉同好，余故樂爲跋之。按《大觀帖》刻石未二十年，即遘靖康之亂，拓本傳世故較《淳化》尤少。至南宋時，榷場所拓，亦不恆有，然猶是原石也。元顧玉山始有重刻本。劉後村謂：「《淳化》爲祖，《大觀》尤妙。」王澧翁云「若論久近則《大觀》後於《淳化》，論精確則《大觀》前無帖矣。蔡元長事業不滿人意，而書學視王著頗勝，故所拓有一種雄桀之氣，與潭、絳諸本厭厭學步者不同，宜世人視此帖爲墨皇也。此卷紙性純、厤色白，氈蠟沈淨，前後一律，當是政宣間打本。帖石每段末間有小字，文曰：「法帖第七帖」，下云：「臣某某」，與覃溪所跋臨川李氏淡墨本摽刻略同，爲宋拓原石之確證。楊本首二頁適得、行成、近得書、昨書四帖，極豐穰瑰麗之觀，此本神采尙不能及，然字裏行間，肥而不癡，樸而不媚，固是一時佳拓。王弇州得第七卷不全本，題云「令汪象先夜眠不着。」此則首尾完具，又元美所未見矣。

己未大寒燈下書，頑山居士寶熙。

宋拓《大觀帖》第七卷固始張劭予前輩鏡菡榭舊藏，丁巳八月既望敬觀一過，因題。

蓮花朱益藩。

丁巳八月二十七日閩縣陳寶琛觀。

祁文端舊藏《大觀帖》庚子之亂散出，曾一見之，紙墨與此正同。此本爲固始張簡盦侍郎鏡菡榭所收，宋拓致佳本，云得之商邱宋氏故紙堆中，古物顯晦正自有時。今得從儆彬借觀，眼福不淺。承命題記，因錄所聞。南豐趙世駿書。

戊午夏五泉唐汪大燮敬觀。

己未正月二日合肥李經畬敬觀。

先公舊藏古法帖以此《大觀》第七卷爲最。紹興御府《黃庭》次之，不肖續收碑刻以《麓山寺》「搜」字未刓失者爲難得，陶齋本《龍藏寺》次之。丙寅丁卯間於役北海，國帑不給，逋負鉅萬，罷官後無所取償，於是《龍藏》、《麓山》均入質庫。旋聞楊氏所藏《大觀帖》第六亦歸美洲人，而此册已喪其偶矣。加之兵燹迭經，鄰氛尤惡，如此奇珍，其能長爲張氏世守耶？今者江淮洚水爲災，一二同志創藝苑協拯會，徵物醵金，姑出此册，懸値萬鎰以待，因預書其尾。

辛未秋仲固始張瑋儆彬誌於北平芳嘉園。

此册與第六卷影印時不知何處尙有《大觀帖》眞本，其後臨川李氏藏第二、三、五卷出，知即明王元美故物，惜無王字。辛未冬第十卷又出，乃大令書亦元美所收之一。戊寅春，獲見聊城楊氏藏半部其第六卷原本止三開，祁文端有跋，以爲覃溪題本無異，良是。卻裝第八卷於前，乃寶賢堂帖翦去首尾，易以大觀名者，不知當日何以眞贋雜糅如是？自董文敏重摹時已不能得全璧，況今又三百餘年，焉得不稀如星鳳也耶？

乙未寒露　園再題，年已七十有四矣。

《太清樓帖》眞本傳世每册多是殘本，全本無缺只有此第七獨完勿缺，雖角有硬傷數字，亦無大害。此第七與楊蔭北舊藏第六册，有古物同欣社印本，傳世第六不足半册，此第七全璧，又爲右軍書，可稱太清樓第一。

著 錄

林志鈞《大觀帖考》見《帖考》第一册

蔣文光《宋拓〈大觀帖〉卷七考略》，見《中國歷史博物館館刊》總第四期，一九八二年。

二 澄清堂帖卷十一

蔣文光

南宋嘉定年間（一二〇八年——一二二四年）

南宋拓本

裱本十四開半　每半開縱二八釐米、橫二一·五釐米

澄清堂爲南宋海陵——泰州（今江蘇泰縣）提舉茶鹽司一所廳堂。嘉泰年間（一二〇一——一二〇四年）常平使施宿重刻專收王羲之書之法帖，稱《澄清堂帖》。當時共刻五卷，前三卷全部選自《淳化閣帖》，後二卷則選自《大觀帖》。後又有人在泰州增刻《二王帖》五卷，共十卷，仍稱《澄清堂帖》。

本館所藏《澄清堂帖》卷十一，爲清初宋犖舊藏。此帖，麻紙本，現存十四開半，其中所謂漢章帝《千字文》殘本一頁及《黃庭經》四頁，係從他帖中移置，並非原帖所刻，所以本册實際只存十二開。後有近人張伯英跋。鳳蝶錦面，簽題「澄清堂帖卷五」，似明人筆蹟。此帖爲明代庫裝，流傳有緒。清光緒間，宋犖後人售歸張仁黼，張氏得此帖後祕不示人，其子張瑋（字傚彬）售於慶雲堂碑帖店，繼歸本館。

此帖第一開標題「澄清堂帖卷十一」，爲小正書一行。本卷內容不但刻有宋諱缺筆，而且還有蘇軾以下直至南宋許多名家的字蹟。兹將全卷帖目分別敘述如下：

一、宋文勛摹《瑯琊臺頌》

此刻存小篆二十二行，每行四、五字不等，末行二字，共計八十六字。「五大夫楊樛」之前，尚有「五大夫趙嬰」，末「製曰可」完好。後有蘇軾跋語。

瑯琊臺刻石是秦刻石中的重要刻石之一，今尚存一部分殘石。傳爲李斯所書，爲小篆標准書，是秦篆的精品，也是現在僅有的稀奇珍物。僅存的殘石現藏我館，幸能借此帖見到宋拓摹本，可見現存殘石仍是宋代的原貌。瑯琊刻石內容與泰山、嶧山刻石基本相同。文勛所摹整齊精緻。筆畫稍細，字體比原石拓本略小。

瑯琊刻石向爲研究篆書、篆刻和學習小篆的人所重視。細加賞析，其用筆與《石鼓文》較爲接近。書體結構雖屬小篆，卻包含着曲折婉轉，法度仍接近石鼓文，秦篆淵源，十分明顯。亦是瑯琊刻石更可貴之處。《澄清堂帖》卷十一也就根據此點，首先將其刻於卷首。尤其此本，係依據當時原拓，故能收到傳眞的效果。

瑯琊刻石蘇軾跋，作於熙寧九年（一〇七六年），時任職高密，得舊紙本於民間，請廬江文勛摹寫上石。此跋見《東坡集》卷二十三《書瑯琊篆後》。蘇軾在宋四大書家中是突出的人物。其書以肥厚爲主，具有筋骨，跋文手蹟爲其精心之作。筆筆着力，結體嚴謹，爲愛好蘇字的人們作出了示範。

二、蘇軾代張方平諫用兵書

行書，共一百廿四行，每行十五、六字不等。本文見《東坡七集·奏議》卷第十五，與帖文相較，文字互有出入，對刻本校補之處甚多。其可貴處此稿未刻入其他任何帖，當屬孤本。

張方平，宋南京人，舉進士，爲著作郎，上平戎十策，議論確當，神宗時，累官至參知政事。與蘇軾爲好友，文中論歷史上用兵之道，聖人之用兵皆出於不得已。至於兵費之巨尚屬其次。此是一篇論述國家軍事問題的重要文章。軾代其所撰《諫用兵書》手稿，雖爲行書，但比楷書用力。每一字用筆、結體及布白等方面，都達到了精湛的程度，再則刻手技術高超，使人觀之有下眞蹟一等之感。

三、蘇軾書《到黃州謝表》

此是蘇軾的一篇手稿，爲元豐二年（一〇七九年）十二月廿九日責受黃州團練副使，三年二月一日到黃州謝恩之

作。小行書，卅一行。其用筆、結體、布白等與前帖有異曲同工之妙，似是同期所書。

本文見於《東坡集》卷二十五，與帖文相校，文字有不少出入，可互爲補充之處甚多。

以上蘇軾奏章手稿兩篇，雖是行書小楷，但與其大楷各臻其妙。一般認爲蘇軾傳世法帖，以《西樓帖》爲最佳，亦最爲有名，其中有行書不少，世以《西樓帖》爲蘇書代表作。而《西樓帖》與此兩稿相較，《西樓帖》要略遜一籌，故此兩稿應是蘇軾行書精湛之作。

四、蘇軾書《摩訶般若波羅蜜多心經》

摩訶般若波羅蜜多心經，即般若波羅蜜多心經，簡稱心經，經文極簡，爲大般若經之精要。此本爲小正書，經文二十一行，跋三行。係蘇軾發願爲亡男幹兒寫。知爲其亡子祈求冥福所書。在此情況下，必然精心刻意地來完成這一願力，可說是蘇軾小楷中的精品。

五、章草《千字文》殘本

章草《千字文》殘本，據林志鈞《帖考·澄清堂帖》稱，此處原爲章草《急就章》，被人割去，而以《淳化閣帖》卷一章草《千字文》節本補入。計一開，八行，每行十、十一字不等。其後有宋人張栻、陳騤、葉翥、劉焞、陶定、蕭照鄰、李元翁、虞仲房、樓鑰、尤焴、信安山人、趙子書、程俱、江褒、江裒、毛幵等的跋語、題名或小記，皆爲題《急就章》而作。

章草《急就章》宋以來傳有吳皇象書一本，宋宣和間葉夢得摹得張鄧公(詠)家藏本，在潁昌軍刻石傳世。後有自跋：

「右章草漢黃門令史游急就二千二十三字，相傳爲吳皇象書，摹張鄧公家本。象書惟官本法帖所載文武將墜四帖，其餘不復多見。……此書規模簡古，氣象沉遠，猶有蔡邕、鍾繇筆意，雖不可定爲象書，而決非近世所能偽爲者。……中間臨搨轉寫既多，不無失實之處，好事者能因其遺法，以意自求於刻劃之外，庶幾絶學可復續也。宣和二年上巳日，知潁昌軍府事，縉雲葉夢得題。」

明正統間，吉水楊政獲見葉氏刻石本，但已前後缺落三百餘字，而以宋克臨寫本補足，重刻於松江，從此，人們得見皇象《急就篇》概貌。

本館所藏《澄清堂帖》卷十一，尤焴《急就章》跋，說明葉氏原本，後歸尤袤，袤孫尤焴在泰州刻石，並收入《澄清堂帖》卷十一。此爲歷來談皇象章草《急就章》者所未述及。惜此本已被人割去，僅從題跋中得知梗概。又據尤焴所記得毛幵(三衢樵隱毛先生)本，即葉夢得所說張鄧公家底本。尤焴又稱紹興中，又有「以潁昌本復刊於三衢者」，諸如此類之說，有待進一步研究。

六、《黃庭經》

《澄清堂帖》卷十一所收《黃庭經》，紙墨不如前面數帖。書體比較纖細單弱，與歷來所刻的《黃庭經》大致相近，似褚臨本，或是由其他帖本移置。

此帖最後有近人張伯英跋，論述全帖內容及有關問題。

此帖有「商丘宋犖書畫府印」、「寶軸時開心一灑」、「巡撫江西地方兼理軍務關防」、「山東等處提刑按察使署之印」、「督理通革攜稅務關防」、「張仁黼印」、「簡庵珍弆」、「簡庵審定」、「固始張氏鏡菡榭印」、「固始張氏鏡菡榭奕世收藏審定金石書畫印」、「固始張氏鏡菡榭收藏鑒賞印」、「固始張瑋」、「傚彬」。此帖由於宋犖珍愛，攜帶到任所，加蓋江西巡撫等官印三方。

澄清堂帖卷十一

五大夫趙嬰，五大夫楊樛。皇帝曰：金石刻盡始皇帝所爲也。今襲號而金石刻辭，不稱始皇帝，其於久遠也。如後嗣爲之者，不稱成功盛德。丞相臣斯、臣去疾、御史夫臣德昧死言，臣請具刻詔書金石，刻因明白矣。臣昧死請。製曰：可。

秦始皇帝廿六年初並天下，廿八年親巡東方海上，登瑯琊臺觀出日，樂之忘歸，徙黔首三萬家臺下，刻石頌秦德焉。二世元年，復刻詔書其旁，今頌詩亡矣。其從臣姓名僅有存者，而二世詔書具在。自始皇帝廿八年，歲在壬午，至今熙寧九年丙辰，凡千二百九十五年，而蜀人蘇軾來守高密，得舊紙本於民間，比今所見，猶爲完好，知其存者磨滅無日矣。而廬江文勛適以事至密，勛好古善篆，得李斯用筆意，乃摹諸石，置之超然臺上。夫秦雖無道，然所立有絶人者，其文字之工，世亦莫及，皆不可廢，後有君子得以覽觀焉，正月七日甲子記。

臣聞好兵，猶好色也。傷生之事非一，而好色者必死。賊民之事非一，而好兵者必亡。此理之必然者也。夫惟聖人之兵，必出於不得已。故其勝也，則享安全之福。其不勝也，必無意外之患。後世用兵，皆得已而不已。故其勝也，則變遲而禍大。其不勝也，則變速而禍小。是以聖人不計勝負之功，而深戒用兵之禍。何者？興師十萬，日費千金，內外騷動，殆於道路者七十萬家。內則府庫空虛，外則百姓窮匱，飢寒逼迫，其後必有盜賊之憂。死傷愁怨，其終必致水旱之報。上則將帥擁衆有跋扈之心，下則士衆久役有潰畔之志。變故百出，皆由用兵。至於興事首議之人，冥謫尤重。蓋以平民無故緣兵而死，怨氣充積，必有任其咎者。是以聖人畏之重之，非不得已不敢用也。自古人主好動干戈，由敗而亡者，不可勝數。臣今不敢復言，請爲陛下言其勝者。秦始皇既平六國，復事胡越，戍役之害，被於四海，雖拓地千里，遠過三代，而墳土未乾，天下怨叛。二世被害，子嬰被擒，滅亡之酷，自古所未嘗有也。漢武帝承文、景富溢之後，首挑匈奴，兵連不解，遂侵尋於諸國，歲調發，所至成功。建元之間，兵禍始作，見時蚩尤旗出，其長與天等，而其春戾太子生。自是師行三十年，死者無數。及巫蠱事起，京師流血，僵屍數萬，太子父子皆敗。故班固以爲太子生長於兵，與之終始，帝雖悔禍自克，而歿身之恨，已無及矣。隋文帝既下江南繼事夷狄。煬帝嗣位，此志不衰，皆能誅滅強國，威震萬里，然而民怨盜起，亡不旋踵。唐太宗神武無敵，尤喜用兵，既已破滅突厥、高昌、吐穀渾等，猶且未猒。親駕遼東，皆志在立功，非不得已而用。其後武氏之難，宗室陵遲，不絕如線。蓋用兵之禍，物理難逃，不然太宗仁聖寬厚克己裕人，幾至刑措，而一傳之後，子孫塗炭，此豈爲善之報也哉。由此觀之，漢唐用兵於寬仁之後，故勝而僅存。秦、隋用兵於殘暴之餘，故勝而遂滅。臣每讀書至此，未嘗不掩卷涕泣，傷其計之過也。若使此四君者，方其用兵之初，隨即敗衄，惕然戒懼，知用兵之難，則禍敗之興，當不至此。不幸每舉輒勝，故使狃於功利，慮害不深。臣故曰勝則變遲而禍大，不勝則禍變速而禍小，不可不察也。昔仁宗皇帝，覆育天下，無意於兵，將士惰媮，兵革朽鈍，元昊乘間竊發西鄙，延安涇源麟府之間，敗者三四所，喪動以萬計，而海內晏然，兵休事已，民無怨言，國無遺患，何者？天下臣庶，知其無好兵之心，天地鬼神，諒其有不得已之實故也。今陛下天錫智勇，意在富強，即位以來，繕治甲兵，偵伺鄰國，群臣察見，此指多言用兵。其始也：薛向爲撗山之謀，韓絳效深入之計，師徒撓敗，財用耗屈，較之寶元慶歷之敗，不及十一。然而天怒人怨，邊兵背畔，京師騷然，陛下爲之旰食者纍月。何者？用兵之端，陛下作之。是以吏士無怒敵之意，而不直陛下也。尙賴祖宗積纍之厚，皇天保佑之深，故使兵出無功，感悟聖意。然淺見之士，方且以敗爲耻，力慾求勝以稱上心。於是王韶搆禍於熙河，章惇造山釁於梅山，熊本發難於渝瀘，然此等皆戕殺已降，俘纍老弱，困弊腹心，而取空虛無用之地以爲武功，使陛下受此虛名而忽於實禍。勉強砥厲，奮於功名。故沈起、劉彝復發於安南，使十餘萬人暴露瘴毒，死者十五而六，路人之斃於輸送，貲糧器械，不見敵而盡，以爲用兵之意，必且少衰，而李憲之師，復出於洮州矣。今師徒克捷，銳氣方盛，陛下喜於一勝，必有輕視四夷，陵侮敵國之意，天意難測，臣實畏之！且夫戰勝之後，陛下可得而知者，凱旋捷奏，拜表稱賀，赫然耳目之觀耳。至於遠方之民，肝腦塗於白刃，筋骨絕於餽餉，流離破產，鬻賣男女，薰眼折臂、自經之狀，陛下必不得而見也。慈父孝子，孤臣寡婦之哭聲，陛下必不得而聞也。譬如屠殺牛羊刳臠魚鼈以爲膳羞，食者甚美，見食者甚苦，使陛下見其號呼於挺刃之下，宛轉於刀匕之間，雖八珎之美，必將投筯而不忍食，而況用人之命，以爲耳目之觀乎。且使陛下將卒精強，府庫充實，如秦漢隋唐之君，則既勝之後，禍亂方興，尙不可救，而況所任將帥吏罷軟凡庸，較之古人萬萬不及，而數年以來，公私窘乏，內府累世之積掃地無餘，州郡征稅之儲，上供殆盡，百官俸廪，僅而能繼，南郊賞給，久而未辨，以此舉動，雖有智者，無以善其後矣。且饑疫之後，所在盜賊蠭起，京東河北，尤不可言。若軍事一興，橫斂隨作，民窮而無告，其勢不爲大盜，無以自全。邊事方深，內患復起，則勝廣之形，將在於此，此老臣所以中夜不寐，臨食而歎，至於慟哭而不能止也。且臣聞之，凡舉大事，必順天心，天下所向，以之舉事必成；天之所背，以之舉事必敗。蓋天心向背之迹，見於災祥豐歉之間。今自近歲日食星變，地震山崩，水旱癘疫，連年不止，民死將半，天之向背可以見矣。而陛下方且斷然不顧，興事不已。譬如人子得過於父母，惟有恭順靜默，引咎自責，庶幾可解。今乃紛然詰責奴婢，恣行箠楚，以此事親，未有見赦於父母者也。故臣願陛下遠覽前世興亡之鑒，深察天心向背之理，絕意兵革之事，保疆睦鄰，安靜無爲，爲社稷長久之計，上以安二宮朝夕之養，下以濟四方億兆之命，則臣雖老死溝壑，瞑目於地下矣。昔漢祖破滅群雄，遂有天下。光武百戰百勝，祀漢配天。然至白登被圍，則講和親之議。西域請吏，則出謝絕之言。此二帝者非不知兵也。蓋經變既多，則慮患深遠，今陛下深居九重，而輕議討伐，老臣庸懦，私竊以爲過矣。然而人臣訥說於君，因其既猒而止之，則易爲力。迎其方銳而折之，則難爲功。凡有血氣之倫，皆有好勝之意。方其意之盛也。雖布衣賤士，有不可奪，自非明智特達度量過人，未有能於勇銳奮發之中，舍己從人，惟義是視者也。今陛下盛氣於用武，勢不可回，臣非不知而獻言不已。誠見陛下聖德寬大，聽納不疑，故不敢以衆人好勝之常心，望於陛下。且意陛下他日親見用兵之害，必將哀痛悔恨，而追咎左右大臣未嘗一言，臣亦將老且死，見先帝於地下，亦有以藉口。惟陛下哀而察之。

周祜刊。

臣軾言去歲十二月廿八日準勅，責授臣撿校水部員外郎黃州團練副使本州安置，不得僉書本州公事。臣已於今月一日到州訖者，狂愚冒犯，固有常刑，仁聖哀矜，特從輕典，赦其必死，許以自新，祗服訓詞，惟知感涕。臣軾誠惶誠恐，頓首頓首。伏念，臣早緣科第，誤辱縉紳，親逢睿哲之興，妄有功名之意。亦嘗賜對便殿，考其所學之言，試守三州，觀其行事之實，而臣用意過當，日趨於迷，賦命衰窮，天奪其魄，叛違義理，辜負恩私，茫如醉夢之中，不知言語之出。雖至仁屢赦，而衆議不容。按罪責情，固宜伏斧鑕於兩觀，推恩屈法，猶當禦魑魅於三危。豈謂尙玷散員，更叨善地。投畀麏鼯之野，保全樗櫟之生，臣雖至愚，豈不知幸。此蓋伏遇。

皇帝陛下，德刑並用，善惡兼容，欲使法行而知恩，是用小懲而大戒。天地能覆載之，不能容之於度外，父母能生育之，而不能出之於死中。伏惟此恩，何以爲報？惟當蔬食沒齒，杜門思愆，深悟積年之非，永爲多士之戒，貪戀聖世不敢殺身，庶幾餘生不爲棄物。若獲盡力於鞭箠之下，必將捐軀於矢石之間，指天誓心，有死無易。臣無任瞻天戀聖，感涕激切之至。謹奉表稱謝以聞。臣軾誠惶誠恐，頓首頓首。

年月日具銜臣蘇軾上表。

辰宿列張。□(日)□(月)盈昃。海鹹河淡。
鱗□(潛)羽翔。龍師火帝。鳥官人
皇。始製文字。乃服衣□(裳)。遐邇
壹體。罔談彼短。無恃己長。
尺璧非尙。寸陰是競。孝當
竭力。忠□(則)□(盡)□(命)。□(夙)興溫□(清)。□(容)□(止)
若思。愼終宜令。
學優登仕。攝職從政。都邑□(華)□(夏)。□(東)□(西)二
京。背芒而洛。浮渭□(據)□(涇)。既集墳
典。亦□(聚)□(群)□(英)。

頃歲嘗得刻本，寧復有此飛動之勢。識其人於圖畫間，要豈若覿面之篤眞也。　張栻書

陳騤、葉翥、劉焞同觀。乾道庚寅六月廿日。

乾道庚寅秋七月八日，吳興陶定觀。

蕭照隣、李元翁、虞仲昉，乾道庚寅季冬十一日同觀。

樓鑰敬觀。

右急就章一卷，先大父文簡公得之於三衢樵隱毛先生平仲，其傳授源流具載跋尾，□□□□法度□□□□，當承平時，石林葉公嘗刊於穎昌郡齋。紹興中，又有以穎昌本覆刊於三衢者。考其點畫，無復有此飛動氣象矣。熇挈來東淮，攜此卷自隨，因刻諸石。又得今軍器監謝公愈修所書釋文，並刻於後，以昭好事者。距大父跋後八十年，當淳祐丁未仲秋十日孫熇謹識。時毛公之孫佃，偶留東塾，相與共董刻焉。

章草急就章，世傳皇象書，然紙墨尙新，疑唐人善書者摹搨本也。近世書法幾廢，誰復能爲此，觀其結體遒勁，筆勢奕奕若飛動，然眞可寶玩。

元祐甲戌四月十日信安山人謹記。

趙子晝、程俱、江裒同觀於吳興之谿堂。政和癸巳九月十五日。

三衢程俱同郡江裒、江褒，南京趙子晝。政和乙未臘日觀皇象書於吳興谿堂。

後十八年歲在癸醜，暮春之初，子晝過致道山居同觀於勝林堂，時二江下世久矣。

右故左轄鄧公聖求所藏章草急就章本，得於張、鄧公家，復以予其壻，故紫薇令人，程公致道之父，所謂信安山人者也。致道在時甚秘愛此書，既沒始爲其壻趙伯暘所取，最後予訪得之，故人尤延之嗜古書帖甚篤，乃以遺之。

乾道戊子十月乙未信宜毛幵記。

黄庭經

上有黃庭，下有關元。前有幽闕，後有命門。噓吸廬外，出入丹田。審能行之可長存。黃庭中人衣朱衣，關門壯籥蓋兩扉，幽闕俠之高魏魏，丹田之中精氣微。玉池清水上生肥，靈根堅志不衰，中池有士服赤朱，横下三寸神所居。中外相距重閈之，神廬之中務修治，玄雍氣管受精符，急固子精以自持。宅中有士常衣絳，子能見之可不病，横理長尺約其上，子能守之可無恙。呼噏廬間以自償，保守兒堅身受慶，方寸之中謹蓋藏，精神還歸老復壯。俠以幽闕流下竟，養子王樹不可杖，至道不煩不旁迮，靈臺通天臨中野。方寸之中至關下，玉房之中神門戶。既是公子教我者，明堂四達法海員，眞人子丹當我前，三關之間精氣深。子欲不死修崐崘。絳宮重樓十二級，宮室之中五采集，赤神之子中池立，下有長城玄谷邑。長生要眇房中急。棄捐搖俗專子精，寸田尺宅可治生，繫子長流心安寧，觀志流神三奇靈。閑暇無事修太平。常存玉房視明達，時念大倉不飢渴，役使六丁神女謁，閈子精路可長活。正室之中神所居，洗心自治無敢汙，歷觀五藏視節度，六府修治潔如素，虛無自然道之故。物有自然事不煩，垂拱無爲心自安，體虛無之居在廉，閑寂莫曠然口不言。恬淡無爲游德園，積精香潔玉女存。作道憂柔身獨居，扶養性命守虛無，恬惔無爲何思慮，羽翼以成正扶疏。長生久視乃飛去，五行參差同根節，三五合氣要本一，誰與共之升日月。抱珠懷玉和子室，子自有之持無失，即欲不死藏金室。出月入日是吾道，天七地三回相守，升降五行一合九，玉石口落落是吾寶，子自有之何不守。心曉根蔕養華采，服天順地合藏精，七日之奇吾連相舍，崐崘之性不迷誤。九源之山何亭亭，中有眞人可使令，蔽以紫宮丹城樓，俠以日月如明珠。萬歲照照非有期，外本三陽物自來，內養三神可長生，魂慾上天魄入淵，還魂及魄道自然，旋璣懸珠環無端，玉石戶金籥身兒堅，載地玄天迫乾坤，象以四時赤如丹。前仰後卑各異門，送以還丹與玄泉，象龜引氣致靈根，中有眞人巾金巾。負甲持符開七門，此非枝葉實是根，晝夜思之可長存。仙人道士非可神，積精所致和專仁。人皆食穀與五味，獨食大和陰陽氣，故能不死天相既。心爲國主五藏王，受意動靜氣得行，道自守我精神光。晝日照照夜自守，渴自得飲飢自飽，經歷六府藏卯酉，轉陽之陰藏於九。常能行之不知老。肝之爲氣調且長，羅列五藏生三光，上合三焦道飲醬，愫我神魂魄在央。隨鼻上下知肥香。立於懸雍通神明。伏於老門候天道，近在於身還自守，精神上下開分理，通利天地長生草。七孔已通不知老。還坐陰陽門候陰陽，下于嚨喉通神明，過華蓋下清且涼。立於明堂臨丹田，將使諸神開命門，通利天道至靈根，陰陽列布如流星。肺之爲氣三焦起，上服天門候故道，闚離天地存童子，調利精華調髮齒，顏色潤澤不復白，下於嚨喉何落落，諸神皆會相求索，下有絳宮紫華色。隱在華蓋通六合，專守諸神相呼觀我，諸神闢除耶其成，還歸與大家至於胃管通，虛無閈塞命門如王都，壽專萬歲將有餘，脾中之神舍中宮。上伏命門合明堂，通利六府調五行，金木水火土爲王，日月列宿張陰陽，二神相得下王英。五藏爲主腎最尊，伏於大陰藏其形，出入二竅舍黃庭，呼吸廬間見吾形，強我筋骨血脈盛，況惚不見過清靈。恬惔無慾遂得生，還於七門飲大淵，道我玄雍過清靈。問我仙道與奇方，頭載白素距丹田，沐浴華池生靈根，被髮行之可長存，二府相得開命門，五味皆至善氣還，堂能行之可長生。

永和十二年五月廿五日山陰縣寫。

摩訶般若波羅蜜多心經

觀自在菩薩，行深般若波羅蜜多，時照見五縕皆空，度一切苦厄。舍利子，色不異空，空不異色，色即是空，空即是色，受想行識，亦復如是。舍利子，是諸法空相，不生不滅，不垢不凈，不增不減。是故空中無色，無受想行識，無眼耳鼻舌身意，無色聲香味觸法。無眼界，乃至無意識界，無無明，亦無無明盡。乃至無老死，亦無老死盡。無苦集滅道，無智亦無得，以無所得故，菩提薩薩。依般若波羅蜜多故，心無罣礙，無罣礙故，無有恐怖，遠離顛倒夢想。究竟涅槃三世、諸佛，依般若波羅蜜多故，得阿耨多羅三藐三菩提，故知般若波羅蜜多。是大神呪，是大明呪，是無上呪，是無等等呪，能除一切苦，眞實不虛，故說般若波羅蜜多呪。即說呪曰：

揭諦揭諦，波羅揭諦，

波羅僧揭諦，菩提薩婆訶。

元豐八年九月二十七日朝奉郎新差知登州軍州兼管內勸農事騎都尉借緋眉山蘇軾，爲亡男幹兒寫。

周祜刊

施武子選輯宋拓中，右軍書刻於海陵，即《澄清堂前五卷》也。五卷後惜無見者。此第十一卷，坡公四帖尤精妙。惟急就及釋文全失，以《淳化》首一帖充補，未免蛇足。使董邢諸賢得見此卷，庶不至附會南唐歟？辛巳大雪後一日銅山張伯英獲觀。

沈子培曰：海陵今泰州。宋有提舉鹽茶司，司有澄清堂，此急就跋中有「攜來東淮」語，亦海陵帖一證也。刻急就者尤延之之孫名熇（字稍漫）疑全帖非必成於一年，與姑孰等刻相似。明代庫裝精雅可愛。

著　録

容庚《澄清堂帖考》，《文物》一九六一年第八期。

蔣文光《宋拓〈澄清堂帖〉卷十一考略》，《中國歷史博物館刊》總第三期，一九八一年。

三　顔、柳、白、米四家法帖

每開縱二九釐米，橫三〇・九釐米

呂長生

南宋墨拓顔、柳、白、米四家法帖，折疊式册裝，共十九開。帖前有原題簽二：一爲「宋拓顔、柳、白、米四家法帖・明莫雲卿藏本・顧光旭書籤」並鈐「響泉」印一；一爲「宋拓顔、柳、白、米四家法帖・明莫雲卿藏本・試硯齋收」下鈐「王文治」印一。帖後有明嘉靖三年（一五二四年）錢德孚、萬曆四十四年（一六一六年）鍾惺、陸夢龍及馬之駿、董其昌、清畢瀧、王文治、陸心源（存齋）、褚德彝等人題跋、觀款數則。帖與跋幅有收藏、鑒賞印記若干及戰國虎符剖面印痕、「梁王後璽」等印。由題跋、印記知，此册爲錢德孚始裝成册，後歸莫雲卿及其婿朱叔熙收藏。清乾隆時畢瀧自雲間張氏手易主而藏，並重裝題記，嘉慶初年歸王文治，道光、咸豐年間爲汪士鐘物，清末民國初年由蔣穀孫收藏。

此册收：顔眞卿《祭伯父文稿》、《祭侄文稿》、《鹿脯》及《寒食》諸帖；柳公權《泥甚》帖；白居易尺牘及《春游》詩一首，米芾臨謝安《八月五日帖》及尺牘五通。帖幅清人畢瀧泥金書跋曰：「明莫廷韓藏本，宋拓精品顔、柳、白、米雜帖。乾隆五十一年（一七八六年）歲次丙午夏四月重裝於靜逸庵，共二十六幅，跋二幅。竹癡記。」據陸夢龍、陸心源等人跋知，此册原有顔眞卿《爭座位》帖。今不足二十六幅，中無此帖，當已佚失。又據陸心源、褚德彝等人題跋考證：顔、柳、白、米各帖均爲南宋越州石氏所刻，宋人陳思《寶刻叢編》一書「以五季爲斷」，所以錄有此册中顔、柳、白各帖目，而未錄米芾書尺牘帖目。今經專家鑒定，此册墨色暗古，紙質緊薄，確爲南宋拓本，但各帖墨色並非一致，疑非同出於越州石氏之手。

顔眞卿（七〇九——七八五年）幼年喪父早孤，曾親受其伯父豪州刺史顔元孫的教誨。顔元孫卒於唐開元二十年（七三二年），墓在東京（今洛陽）鷂店東北。唐玄宗天寶十四年（七五五年）「安史之亂」時，顔眞卿任平原太守，其從兄、顔元孫之次子顔杲卿任常山太守。兄弟同舉義旗，討伐叛軍。杲卿命子季明去平原聯絡消息。待季明返歸時，常山陷落，其兄其侄先後蒙難。唐肅宗乾元元年（七五八年）三月，顔眞卿除蒲州刺史，派侄泉明到常山尋訪杲卿一家遇難及流失者，得季明首骨。同年九月顔眞卿作《祭侄文稿》，計二十三行。此本缺第十一行十字。祭文回憶亡侄季明幼年聰英喜人，悲憤「父陷子死，傾巢卵覆」之慘。同年十月「眞卿將赴饒州至東京，得申拜掃」，遂作《祭伯父文稿》，計二十八行。祭文概述顔氏一門兄弟子侄英勇抗擊安史叛軍，不幸遇難被害及「蒙受國恩」的情況。

兩篇祭文均與「安史之亂」有關。當眞卿爲宰相崔圓等所忌，自刑部尚書貶爲同州刺史，後爲蒲州刺史之後，書《祭侄文稿》；受御史唐旻誣劾，出爲饒州刺史途中，書《祭伯父文稿》。境遇特殊，心情異常，發之毫端，氣象不凡。《祭侄文稿》神完氣足，剛勁挺拔，鋒芒咄咄逼人。義憤之情，溢於行間。誠如黃庭堅所稱：「魯公祭季明文，文章字法，皆能動人。」（《山谷題跋》卷四第四十頁）王澍所云：「縈紆鬱怒，和血迸淚，不自意其筆之所至，而頓挫縱橫，一瀉千里，遂成千古絕調。」（《竹雲題跋》卷四第十二頁）。《祭伯父文稿》則雄姿英發，正氣凜然。疏者縱筆有一瀉千里之勢，密者遒勁中參以流麗。大小疏密，對比自然。全篇書法形象富有音樂的韵律感，時而激昂，時而幽深。兩篇祭文，把心血的起伏，外化爲筆墨的飛舞，心音的響動，演化成起伏的樂章。

顔眞卿書《鹿脯》及《寒食》帖，均爲致友人信札。每篇眞行草法皆備。《寒食》帖最後的「耳」字，末筆長垂，佔有三個字的空間，與其《劉中使》帖獨占一行的「耳」字一樣，酣暢瀟灑，氣貫天宇。《鹿脯》帖上款「李太保」，據前人考證爲李光弼。唐代宗寶應元年（七六二年）拜太子太保；顔書乞鹿脯爲廣德二年（七六四年）；謝鹿脯爲永泰元年（七六五年），中有「春寒」云云，當爲初春時節。

柳公權（七七八—八六五年），書法遒勁雄健，自成一家。與顔眞卿開創了中國書法藝術的一代新風，世有「顔筋柳骨」之稱。其書《泥甚》帖文之前，有唐或宋代收藏鑒考題記曰：「天臺國清僧乞書寺額大□（紙）二行十一字。按天臺縣在浙江東部，唐代名唐興縣。境內有天臺山，山有國清寺，係佛教天臺宗的發源地。隋開皇十八年（五九八年）晉王楊廣承創始人智顗遺意建寺。唐會昌（八四一—八四六年）中毀。大中五年（八五一年）重建，柳公權爲之書「大中國清之寺」額。故知此帖當是與書寺額有關。其時公權七十四歲。此帖係其晚年作品。剛健秀媚，風格清雅。

白居易（七七二—八四六年）行草書尺牘及《春游》詩二幀十八行，不具年月。白書之後一幀，是宋代收藏白氏墨蹟的錢惟演等人的題記、觀款。據顧學頡《白居易所書詩書志石刻考釋》（《文物》一九七九年八期）考證，信與詩都是白居易致送他的好友元稹的，時在長慶四年（八二四年）春初，白氏年五十三歲。《全唐詩》卷四二三誤歸此詩於元稹名下，今撿宋人洪邁《容齋隨筆・五筆》之《元微之詩》條，沿襲《全唐詩》，又把「無人知我意」句中「我」誤爲「此」。白居易以工詩名盛，同時也是一位書法家。《書史會要》評曰：「其筆勢翩翩，不失書家法度，行書妙處與時名流相先後。」又說：「居易以文章名世，宣其胸中淵著流出筆下，便過人數等也。」册中白氏書帖，風神勁秀，瀟瀟灑灑，如行雲流水，有圓熟自然之美。

米芾（一〇五一——一一〇七年）能詩文，擅長書畫，精於鑒賞。爲宋代四大書家之一。《宋史》本傳說他：「妙於翰墨，沉着飛翥，得王獻之筆意。」他博采衆長，精研古法。

晚年自我評之曰：「壯歲未能立家，人謂吾書爲集古字，蓋取諸長處，總而成之，既老始自成家，人見之，不知以爲何祖也。」（《海岳名言》）他以「臣書刷字」（同前書）名言召對帝王，足見其「曠達之士」（袁桷《清容居士集》卷四十六第十一頁）的美學思想及藝術風格。晉謝安《八月五日帖》是米芾《寶晉齋》所藏珍品之一。《書史》、《寶晉英光集》均記述該帖唐宋時流傳經過，他初見後作詩贊頌及宋建中靖國元年（一一〇一年）二月十日自友人蔡公處得之的喜悅心情。所以，米芾首次臨該帖的上限當爲一一〇一年，其年五十一歲。

米芾尺牘五通，均爲朋友之間致謝、問候等事，上款及文中之人待考。每通雖無年月，但從下款均署「芾」，知爲元祐六年（一〇九一年）四十一歲後所書。據徐邦達《古書畫過眼要錄》考證，宋宣仁高太后「垂帘聽政」，因諱其父高遵甫名，同音字「府」字亦避諱。故米氏《長者帖》「府」字缺末筆，高太后元祐八年（一〇九三年）九月卒，此諱命令取消。今見此册《故人過壘帖》「府」字不缺筆，當是元祐八年九月以後、即米氏四十三歲以後所書。每帖或運筆細勁，或濃墨粗筆，筆致粗重者往往有隸書意味；撇筆或左側竪筆，收筆時多向上挑出，行筆疾速可見；結體偏側，富有動感。篇篇奔騰變化，似龍飛鳳舞。「曠達之士」，從心而「刷」，信然。

釋　文

祭伯父豪州刺史文
維乾元元年歲次戊戌，十月庚子朔
廿一日庚申，第十三侄男銀青□（光）
祿大夫、使持節饒州諸軍事、饒
州刺史、上輕車都尉、丹楊縣開
國侯眞卿
敢昭告于
亡伯故朝議大夫、豪州刺史府君之靈。日者，羯
胡祿山，俶擾河洛，生靈塗炭，
兵甲靡夷。二兄杲卿，任常山郡太守。
忠義憤發，首開土門，
擒斬逆竪，挫其兇慝。
先蒙授衛尉卿兼御（史）中丞，城孤
援絕，身陷賊庭。
聖朝哀榮，褒贈太子太保。甥侄季明盧逖等，被賊害者八
人，並贈五品京官。嫂及兒女
皆被拘囚。睿略昭宣，宇宙清廓，
脫於賊手，並得歸京。眞卿比
在平原，遭罹兇逆。與杲卿□（同）心
協德，亦著微誠。
二聖憫焉，授戶部侍郎、河北採訪
招討使，又遷工部、憲部二尙書，再兼
御史大夫，出爲同、蒲、饒三州刺史。
聖恩錫類
大門，贈華州刺史。兄弟兒侄，盡蒙國恩：允南授膳部郎中，允臧授
侍御史，威明試太僕丞，眞卿男
頗授太子洗馬。諸侄男等頂授協律郎，頍授秘書省校書郎，賜緋魚
袋，袁衡華亭丞，泉明、顒、頲、穎等並蒙遷改。一門之內，生死哀榮。
眞卿
將赴饒州至東京，得申拜掃，又遠辭違，伏增感
咽。謹以淸酌庶羞之奠，以
伯母河南縣君元氏配，尙饗。
維乾元元年歲次戊戌，九月庚
午朔三日壬申。第十三叔銀青光祿□（大）
夫、使持節蒲州諸軍事、蒲州
刺史、上輕車都尉、丹楊縣開國
侯眞卿。以淸酌庶羞，祭于
亡侄贈贊善大夫季明之靈。□（曰）：
惟爾挺生，夙標幼德，宗廟瑚璉，
階庭蘭玉，每慰
人心，方期戩穀，何圖逆賊間
釁，稱兵犯順，爾父竭誠，常
□（山）□（作）□（郡）□（，）□（余）□（時）□（受）□（命）□（，）□（亦）
□（在）□（平）
原，仁兄愛我，俾爾傳言，爾既
歸止，爰開土門。土門既開，兇威
大蹙，賊臣不救，
孤城圍逼，父陷子死，巢
傾卵覆。天不悔禍，誰爲
荼毒。念爾遘殘，百身何贖。
嗚呼哀哉，吾承
天澤，移牧河關，泉明
比者再陷常山，攜爾
首櫬，及茲同還，撫念摧切，
震悼心顏，方俟遠日，卜爾
幽宅，魂而有知，無嗟
久客，嗚呼哀哉，尙饗。

陰寒，不審
太保所苦何如，承渴已損，深
慰馳仰，所撿贊猶未獲，望于
文書細撿也，病妻服藥，要少鹿
肉乾脯，有新好者望惠少許。
幸甚、幸甚。尋馳謁，不次，謹狀。
廿九日刑部尙書顏眞卿狀上
李太保大夫公閣下
謹宣
惠及鹿脯，甚慰所望。春寒，承
美□（疾）痊損，更加保愛。眞卿有一二
藥，煩宜常服，謹令馳納。少間借
□（馬）□（奉）□（謁）□（。）□（不）□（次）□（。）□（二）□（十）□
（日）□（顏）□（眞）□（卿）□（狀）□（上）
□（太）□（保）□（大）□（夫）□（公）□（閣）□（下）□（。）
天氣殊未佳，汝定成
行否？寒食只數日間，
得且住爲佳耳。

泥甚難行將到
便　公權敬白

違奉漸久，瞻念彌深。伏
承比小乖和，仰計今已痊
復。居易到杭州踰歲時，公
私稍暇，守愚養拙，聊以遣
時。在掖垣時，每承歡眷。
今拘官守，拜謁未期，瞻
望光塵，但增誠戀。孫
幼復到此物故。餘具迴使
諮報，伏惟昭悉。居易再拜。

春游

酒戶年年減，山行漸漸
難。欲從心懶慢，轉恐
興闌散。鏡水波猶冷，
稽峰雪尚殘。不能孤
物色，乍可愛春寒。遠
目傷千裏，新年思萬
端。無人知我意，閑憑
曲欄干。

癸亥仲夏河陽郡齋題
丁卯仲春蘇田郡舍又覽
白傅眞蹟　錢氏世寶　□臣曾覽
白傅墨蹟二紙十九行叔祖文僖公□□
題跋廿有□(三)字，元祐四年己巳仲□(春)□□□
□□□上石

八月五日告淵朗廓攸靖玄
允等，何圖酷禍，暴集中郎，
奄至逝沒，哀痛崩慟，五情
破裂，不自堪忍，痛當奈何！
當復奈何！汝等哀慕斷絕，
號咷深至，豈可爲心，奈何
奈何！安疏。

謝安書

山林妙寄　嵓廊英舉
不繇不羲　自發淡古
有赫太帝　天造翰藝
末下龍蹟　震驚大地
謝公眞蹟
太宗跋　米芾

芾頓首再拜，前日辱
甲兄國士之遇，方卜一日
面謝。蒙教，及新製捧
之欲仰，乃知涉道君子
緒餘惊人，願督牌爲
公掃也。謹奉啓布
謝。三王處別有本否？如無，
此中送去也。　　元翼
容別啓。　芾頓首再拜。
子彊即顯用甲兄。

芾頓首，蒙
教惠茶二品，珍厚，區區
面謝，客坐不一一。
芾頓首再拜。

芾頓首再拜，起□□
延相接，每以事奪，上□
不逞，思
仰傾積，夏初清和，
起居沖勝。芾苟祿
幸安。未行，奉
昭，自愛自愛。不宣。芾頓
首再拜。

芾頓首，邂逅得相從
屬，疾阻山水之間，追
攀之樂，此情悵然。
承復過于此，當卜款
也。羊兔羓少充道中
水飯之用，乞不卻也。
燭下草草。頓首。
伯友老兄
伯珍文思同官
知縣宣德賢公

芾頓首，再拜，迺
故人過壘，得望
麾節，少尉久別，頃
仰之心，積中至，承□
開府，比日雪寒，伏□
宣布多暇
諒不能遍歷，則屬
尊體動止萬福。芾
苟祿蒙
芘如昨，何當
瞻際，仰冀
精愛。謹專人奉啓。

嘉靖甲申十一月至前，裝於五湖
田舍之西齋。姚江錢德孚識。

朱叔熙邸中觀所藏唐揚雲麾二碑顏柳
白傅諸帖及米書。是叔熙婦翁莫廷韓物。
人情固貴遠，魏晉猶下風。紙墨出三唐，已與金
石同。借觀廢寢食，心目行鴻濛。物苟詣其至，中
古具羲農。一字一氣運，道從而汙隆。節義與風
雅，至今見數公。往往骨韵神，不離肥重中。可見
肥不易，乃以瘦爲工。古人第二義，今爲最上功。
顏李則如此，況乃王與鍾。曾否見唐宋，業已矜
斯邕。
萬曆丙辰中秋前十日，竟陵鍾惺謹題，同觀者爲福清林古度。

西陵黃
光壽私
識得見
爲幸。

叔熙出其婦翁莫廷韓藏帖，顏柳白米薈
輯一册，政如行山陰道上，應接不暇，又如游天
子上林，楂、梨、橘、柚各有其美。叔熙持此爲下
酒物，眞不羡漢書張良傳也。　之駿。

此印向見印藪，載之未辨爲何物，蓋
戰國虎符，今在友
人家見之，左右俱完，
奇物也。　雲卿記。

觀莫廷韓所藏宋拓顏、柳、米元
章諸帖，知其醞釀甚深，今人尚
未夢見，廷韓腳汗在。　其昌觀。

朱叔熙出所藏婦翁莫廷韓顏柳白米諸帖，俱
異世本。內爭座尤喧赫。余幼時忽于殘廢書
楮中檢得顏墨累幅，意可上下。廷韓重若拱
璧，而余乃佹得之，因歎世間遺珍亦復何限。丙
辰八月既望澹菴主人陸夢龍題。

王弇州云：頓挫鬱勃，祭侄文稿勝于祭伯父
稿；風神奕奕，祭伯父文稿勝於祭侄文稿。總
之各臻其妙，在乎不經意而法度備存，端
勁莊持，魯公書之所以不可及也。黃山谷云：爭
座帖雖奇特，猶不及祭濠州刺史文稿之妙，
蓋一紙手書而眞行草法皆備也。
此帖莫廷韓所藏之物。余得之雲間
張氏。先是，吳門一友持廷韓所藏唐搨
雲麾將軍李秀碑，繼復得廷韓所藏
宋搨雲麾將軍李秀碑，又閱月得此顏、

柳、米、白。宋搨三帖之散而復聚，一若有
神物護持之，以並歸于余者。此等神
品至寶，宇宙間不多見之物，余得日神游
其間，幸矣哉。　竹癡戲題。

停雲館所刻侄稿未嘗不佳，
觀此宋拓眞有毫釐千裏之謬，古人之所以不可及也。竹癡
又記。停雲所刻係僞本
餘清齋本與此本各
有佳處，而餘清更勝。

陰寒，不審太保所苦何如，承渴已損，深慰馳仰。
病妻服藥要鹿脯，有新好者，惠少許。文殊
贊猶未獲，望于文書中細撿也。尋馳謁不次。
十一日刑部尚書顏眞卿狀上
李太保大夫公閣下。

首頁上是秦玉印：「疢疾除永康休萬壽寧」九字。
此印今在維揚人家，顧阿瑛物。

董文敏戲鴻堂帖之墨蹟與宋搨異。余觀鴻堂所刻此文，未見妙處。
翻宋拓差可觀。董之宋拓不足據。余之墨蹟未必眞，故所刻一無
雄渾之氣。觀此宋拓，見魯公眞面目矣。竹癡識。

魯公爭坐位、祭伯文、祭侄文、鹿脯帖、寒食帖，柳州泥甚帖、白香
山簡，皆越州石氏所刻，其目見《寶刻叢編》。存齋識。《間者軒帖考》
越州石氏帖本有米元章書，恐米帖八幀，亦石氏刊本，非紹興米帖
耳。存齋又識。

是帖爲女壻狄率菴所收，陳伯恭學士以賞
鑒自命，索之不與。頃來吳門，心農居士愛
之，即以相授。翰墨之緣，殆亦各有前定，
不容強耶。嘉慶元年長至日文治記。

畢竹癡云：此帖是莫廷韓所藏。余得之雲間張
氏，先是，吳門一友持廷韓所藏唐搨雲麾將
軍李秀碑，繼復得廷韓所藏宋搨李秀碑
又閱月得此帖。三帖之散而復聚，一若有神

物護持之，以歸于余者。此皆宇宙間不多得
之物，余得日遊其間，幸矣哉。然竹癡在日
三帖已先後散去，今又全歸試硯齋中。
其可慶幸，當更何如，然烟雲過眼，未知
此後又復何如？試硯主人靜者也，達者也，
即此三帖之去來合散，可以悟矣。
嘉慶五年春分後三日文治又記。

此宋越州石氏所刻帖也。陳續蕓《寶刻叢編》全著
其目，即前人所稱爲博古堂帖者。近代翁蘇齋遂
以博古堂與越州石氏分而爲二，誤也。南村帖考云：石
邦哲，字熙明，紹興三年爲大理評事。乾道初洪文惠
守會稽時，熙明已亡，嘗從其子祖禮及固問、莊問假
所藏碑以成隸續，是石氏刻帖當在南宋初年。此
本魯公祭伯文、祭姪文、寒食帖、鹿脯帖、柳諫議泥
甚帖、白香山詩簡皆在陳編二十七種之內，惟米帖
未錄。孫氏間者軒帖考于諸種外又多出米元章
書及漢隸千文，知博古堂本有米書。陳續蕓書
以五季爲斷，遂去本朝人書，並易其名耳。越州石
氏所刻晉唐人小楷流傳尚多，而顏柳白米書
至爲罕覯。此本墨色暗古，紙質緊薄，定爲宋
拓。明代爲莫廷韓物。國朝遞經畢澗飛、王
夢樓藏去。董文敏、鍾伯敬皆有題詠，尤足增
重也。穀孫世大兄出以見示，因書册尾，以志古
歡。丁卯六月中沐褚德彝記。

全卷目錄

責任編輯　顧景祥
攝　　影　孫克讓
　　　　　邵玉蘭
　　　　　劉　麗
　　　　　董　青
　　　　　林雅夫［日本］

中國歷史博物館藏法書大觀

第七卷　法帖一　全十五卷

編著者　中國歷史博物館

主　編　史樹青

出版者　上海教育出版社
地　址：中國上海永福路一二三號
郵政編碼：二〇〇〇三一

版　次　二〇〇〇年伍月第一版
二〇〇〇年伍月第一次印刷

總發行　上海教育出版社

印　刷　商務印書館上海印刷廠

定　價　肆佰伍拾圓

ISBN 7-5320-4530-7/G・4448